目录

浙江传统古民居
李国胜

嵊州，秦汉时建县称剡，
至今已有 2170 多年的历史。
会稽山、四明山、天台山等
古文中赫赫有名的山脉环绕而立；
嵊州有剡溪穿境而过，
因此也曾被称为剡县。
而历代诗文中常见的『剡』『剡中』『剡溪』说的也都是这里。
嵊州坐拥『东南山水越为最，
越地风光剡领先』的先天优势，
以『百年越剧诞生地、千年剡溪唐诗路、
万年文化小黄山』闻名于世。

走进
嵊州

01

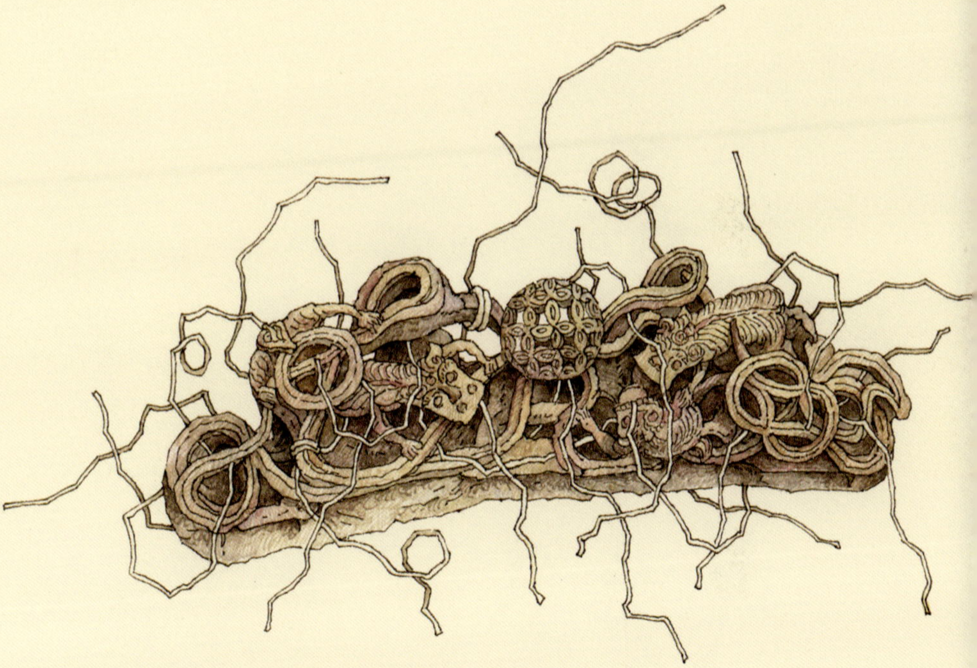

1 | 2

嵊州保存较好的
古建筑群 _1
摄影 陆伟

月梁 _2
夏克梁

2
1　3

嵊州古桥 _1
吴冬

嵊州大地上到处可见的古戏台 _2
李国胜

嵊州城隍庙的戏楼，曾经有不少人在这舞台上表演过越剧 _3
张书山

行走剡中大地，登高远眺，山川之丽，映入眼帘，一条条曲径通幽的绿道环绕黛绿青山，更有一个个亭台楼阁点缀其中，传递着李白“自爱名山入剡中”的情韵。徜徉剡溪河畔，溪水潺潺，清澈明净，树影婆娑，一波波荡漾的涟漪，倾诉着魏晋遗风“雪夜访戴”的风雅。这一幅幅画卷，使一度沉沦的剡溪又重新回到了那条充满诗意的路上，焕发出青春耀眼的光彩。剡溪，流淌在这片美丽的土地上，千百年来孕育了无数美好村落。庞大的古建筑群，小巷弯曲多变，路路相通，既珠联璧合，又独立成章，虽历经千年但风貌依旧。

『湖月照我影，送我至剡溪。』『东南山水越为最，越地风光剡领先。』浙东唐诗之路的韵味在古诗的字里行间，更在嵊州的山水人文里。

『天地大戏场，戏场大天地。』穿梭在浙江嵊州市的城乡，不时可看到一座座构筑独具匠心的古戏台。它们或隐居在穷乡僻壤，或静卧在乡镇集市，或湮没于时代的风雨之中……身上曾记录着当年的丝竹乐音，记载着世代民间艺人的艰辛生活，也收藏了簇拥的人影、如雷的喝彩。古戏台的历史，蕴藏着独特的古越文化。

01.1 嵊州概况

就是在这些正在被人们逐渐淡忘的古戏台上，诞生了我国第二大剧种——越剧；也就是在这些古戏台上，走出了享誉海内外的“越剧十姐妹”中的袁雪芬、尹桂芳、筱丹桂、范瑞娟、傅全香、竺水招这 6 位越剧表演艺术家。她们或许怎么都想不到，她们的表演和创作最终竟能发展成为流派众多、唯美典雅、极具江南灵秀之气的越剧，并以“中国歌剧”的姿态走出国门，成为首批国家级非物质文化遗产。

1 2 3

越剧中的人物形象 _1
向俊

越剧 _2
张书山

嵊州传统木雕，其雕刻的精美程度
可以称得上是全国之最 _3
夏克梁

嵊州民间工艺，源于流淌在剡中大地的魏晋风尚和六朝隐逸文化。木雕、石雕、根雕、砖雕、嵌雕等技艺精湛；嵊州泥塑、嵊州紫砂、戏剧服装、竹刻竹雕、网眼花边、竹艺装潢、花木盆景等精彩纷呈。

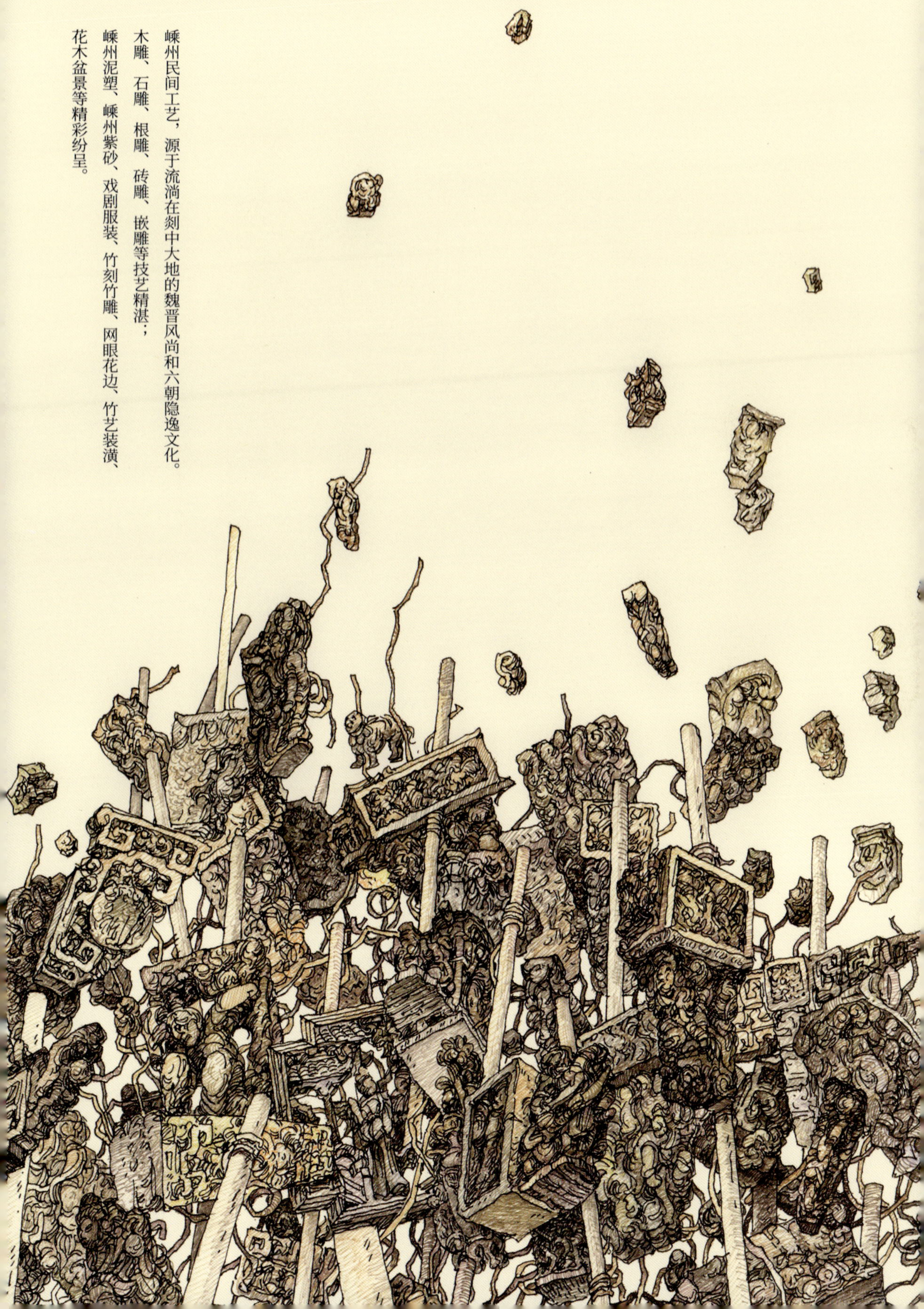

嵊州传统民居
张书山

ZHANGSHUSHAN. 2019.10.01.

『边走边画』团队
是一群有情怀、有社会责任
和担当的手绘艺术家，
他们用手中的画笔
描绘承载丰富历史文化印记的古村落，
将之展现在更多的世人面前，
从而呼唤更多的人去了解、关注
进而保护古村落。

走进
崇仁古镇

02

| 1 | 2 |

第五季“边走边画”走进
嵊州全体成员合影_1
摄影 杨博

雀替_2
夏克梁

1	2

我们一直在寻找尚存的古村落和老房子 _1
王玮璐

团队走过的浙江文成，其很多民居的形态与浙江其他地区很相似 _2
鲁江

“边走边画”团队是一个自助式绘画团队。来自五湖四海喜欢绘画的人，因为共同的信念相聚，希望依靠一群人的力量“行画古村落”，记录传统，编织记忆，让更多的人看到这些正在逐渐消失的文化，了解他们存在的价值。五年来，“边走边画”团队一直跋涉在大江南北，寻找尚存的古村落。他们把写生创作作品编撰成系列丛书，以作品展览、公众号推送等形式，引发社会各界对古村落的关注，让传统村落文化流逝得慢一些，再慢一些。

02.1 团队『边走边画』

02.1.1 团队简介

时光在流逝，岁月在变迁。大山之外的世界发生着日新月异的变化，古村落依然在向我们讲述着千百年来生生不息、亘古不变的故事。古村落是我们追寻历史文化脉络的珍贵文物，是我们的精神家园和文化传承的根基。

“边走边画”团队具有高度的凝聚力和积极向上的团队精神。记录村落文化，保护和传承古老民居文化，选择代表性的古村落定期开展写生创作，挖掘传统文化中的精髓，以独特的实地写生创作的方式呼吁社会关注古村落的保护与建设，让越来越多的人士加入保护传统文化的行列中。这也成为“边走边画”团队的历史使命和担当。

写生活动结束后，绘画结合翔实的文字介绍等形式的出版物，成为当地对外交流的文化名片和传统村落学术研究的参考典籍。

2019 年 8 月，“边走边画第五季——走进嵊州”，是“边走边画”团队组建以来走过的第五站，目的地是浙江省嵊州市的崇仁古镇、华堂古村和小昆村等著名的历史文化名镇名村。前四站是河北邢台市太行山区的英谈古寨、福建三明市尤溪县的桂峰村、浙江丽水市松阳县枫坪乡沿坑岭头村、浙江温州市文成县的雅庄村和桂竹村。8 月，正是江南酷暑季节，团队每一位成员肩背画具，走街串巷，争取用最短的时间描绘最多的老民居，守住时间，留住记忆。每次走进古村落，都是一次难忘的艺术修行之旅。一座座老建筑、老民居承载着先辈们的智慧和创造，从一椽一木、一砖一瓦中都可以破译出珍贵的历史密码。

“边走边画”团队时刻不忘社会责任，在深入古村落写生活动中的同时，也举办献爱心等公益活动，为村里的孩子赠送绘画用品，并教授他们绘画技能和知识，让他们也学会用手中的画笔描绘自己的美丽家乡。团队为村里的贫困孤寡老人捐赠慰问金，让他们感受到社会的爱心与温暖。

1 2 | 3 4 5

用画笔记录古村落 _1
摄影 倪伊甸

用画笔记录当地的非物质文化遗产 _2
向俊

团队走过的村落，都将为村里的孩子送去画笔和画材 _3
摄影 夏克梁

团队成员教孩子用画笔记录家乡的传统建筑和人文景观 _4
摄影 夏克梁

我们永远在路上 _5
摄影 杨博

嵊州写生行已经结束半年了，但以“边走边画——走进嵊州”公众号每周一期的团队成员作品发布等形式的推送一直在持续，系列丛书《行画古村落——走进嵊州》也将与社会见面……

边走边画，行画古村落，踏寻民居古巷，探访历史印记。

“边走边画”永远在路上！

1 | 2 3 | 4

保存尚好的传统民居 _1
周锦绣

嵊州自然村落中的古民居 _2
摄影 夏克梁

无论走到哪里，古村落和老房子永远是我们描绘的主题 _3
摄影 倪伊甸

团队曾经走过的浙江松阳，目前仍保留着大量完整的传统民居 _4
李国胜

02.1.2
第五季成员介绍

本期团队成员来自全国各地，北至北京，南至广西。汇聚了北京、河北、山东、内蒙古、湖南、四川、福建、江苏、安徽、江西、浙江等十几个省级行政区划的绘画爱好者和艺术设计工作者，还有一位来自宝岛台湾的手绘教师，克服恶劣天气等困难，如期赶来与团队会合。团队成员中有设计师、企业高管、职业画家、艺术培训机构教师，以及高等院校美术教师等等。大家都为了共同的信念，为古村落的保护和传统文化的传承贡献自己的一分力量，让更多的历史文化名村绽放异彩！

1 2 3

用画笔记录古村落和古建筑 _1
夏克梁

希望通过作品呼吁大家关注古村落，保护老房子 _2
李国胜

八天时间，我们收获满满 _3
摄影 夏克梁

崇仁古镇在浙江嵊州之西，距今已有近千年的历史。崇仁古镇原名杏花村，北宋年间，受皇帝敕封的义门裘氏从婺州分迁此地，裘氏以崇尚仁义为本，故名其地为崇仁。自南宋以来，崇仁出过不少人才，单裘氏一族，自宋至清，有秀才 476 人，明清文武举人 37 人，进士 4 人。

崇仁，是一座美丽幽静的江南古镇，至今仍保留着庞大的明清古建筑群，数量众多，类型丰富，是兼有居住、祭祀、公共服务和商业功能的古镇。以玉山公祠为中心，目前，保存完好的老台门就有 100 多座。有的台门之间用跨街楼相连，既珠联璧合，又独立成章，体现了先人“分户合族、聚只一家”的遗风和“耕读传家”的传统家族文化。

02.2 古镇概况

1 2

街头仍旧使用的铁匠铺 _1
杨博

崇仁传统古民居院落 _2
陆伟

崇仁古镇，既是越剧的发祥地，同时也因村人善弈而成为全国闻名的围棋之乡。清光绪年间，崇仁有『围棋五虎』。清末，上海围棋名手潘朗东设擂杭州，就败在『崇仁五虎』之首的沈守庚手下。民国时期，又有一个上海围棋名手在杭州摆擂，『崇仁新五虎』的裘忱法又大胜对手。著名棋手马晓春祖籍崇仁，其启蒙老师亦是崇仁人。

清末民初，崇仁还是浙东经济发达的一个古镇。20 世纪 30 年代，崇仁资产 10 万以上的丝厂、茶厂、布厂不下十几家，有『浙东小上海』之称。

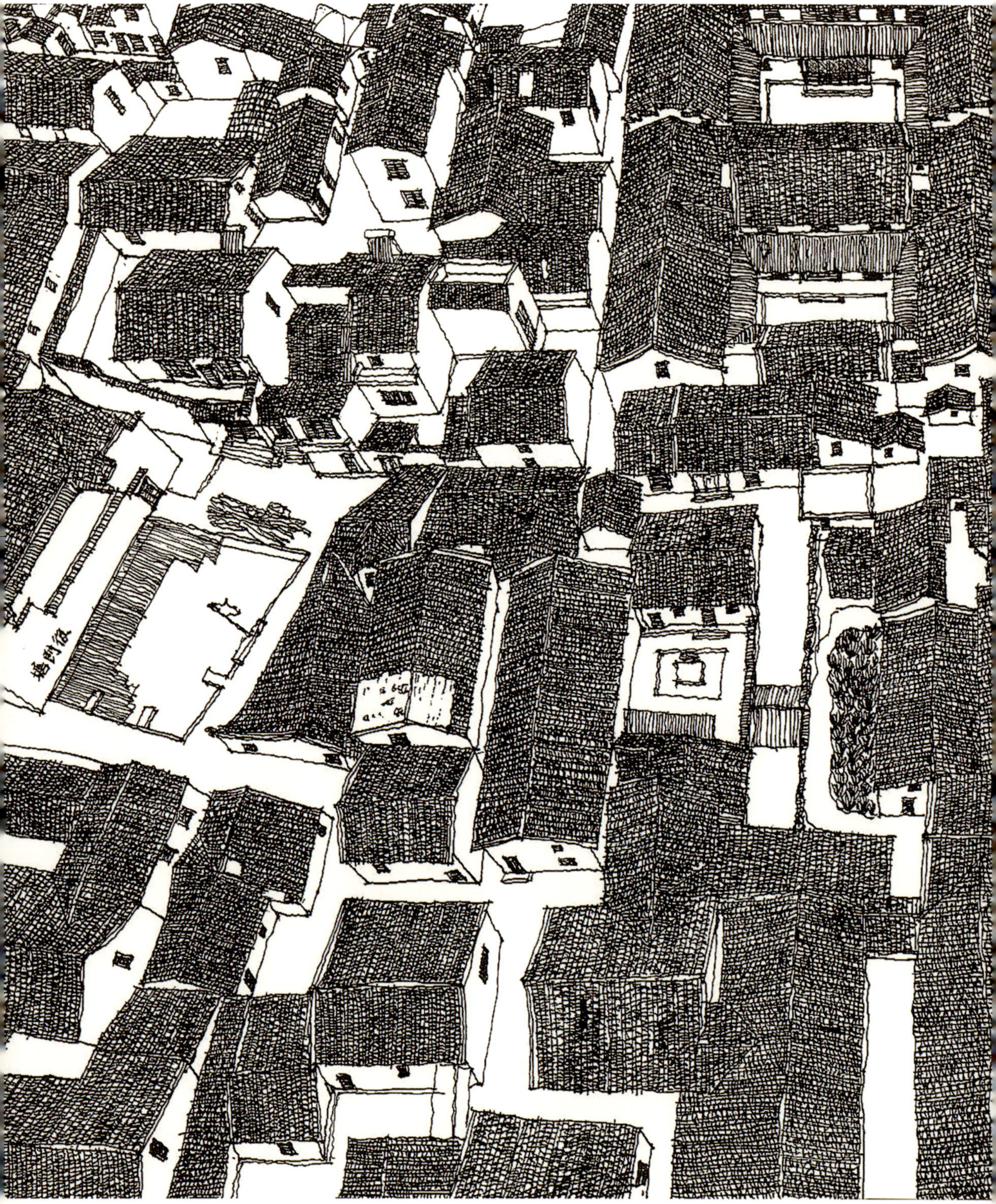

鸟瞰崇仁古镇
马乐

古镇嵊州写瞰

1 2 3

曾有“浙东小上海”之称的崇仁古镇，如今依旧保存完好 _1
陆伟

崇仁老街 _2
夏克梁

从古镇保存完好的街道中能感受到曾经的繁华 _3
郭焱

我国第二大剧种越剧的创始人之一马潮水，也是崇仁人。他15 岁开始『唱书』生涯，创办了越剧史上第一个男科班。1930 年，乡人裘光贤在镇西戒德寺创办女子越剧科班，『越剧皇后』筱丹桂、『金嗓子』傅全香均出自其门下。

如今崇仁是嵊州市五大集镇之一，人口 8 万余人。崇仁镇人民以『崇德、尚文、勤奋、图强』的崇仁精神激励自己，不仅以独特的人文环境入围『中国最美乡镇』的榜单中，还将打造『产业崇仁、休闲崇仁、风韵崇仁』新高地。

2006 年 5 月，崇仁村建筑群被国务院公布为全国第六批文物保护单位。

2019.8.
崇仁古镇

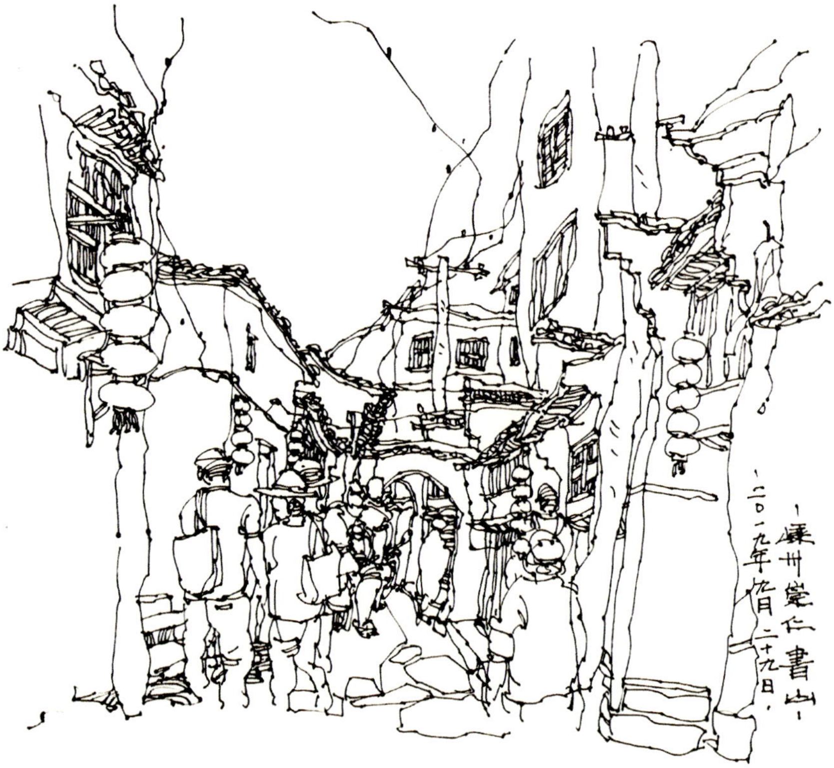
嵊州崇仁書山
二〇一九年九月二十九日

1	3
2	4

老街速写 _1
张书山

崇仁古镇沿街建筑 _2
张宝妹

人物造型雕刻 _3
向俊

崇仁民居建筑 _4
王玮璐

02.3
古镇的民居建筑特点

崇仁镇上古建筑群连片成群，古韵浓郁，极具唐宋遗风、明清特色。

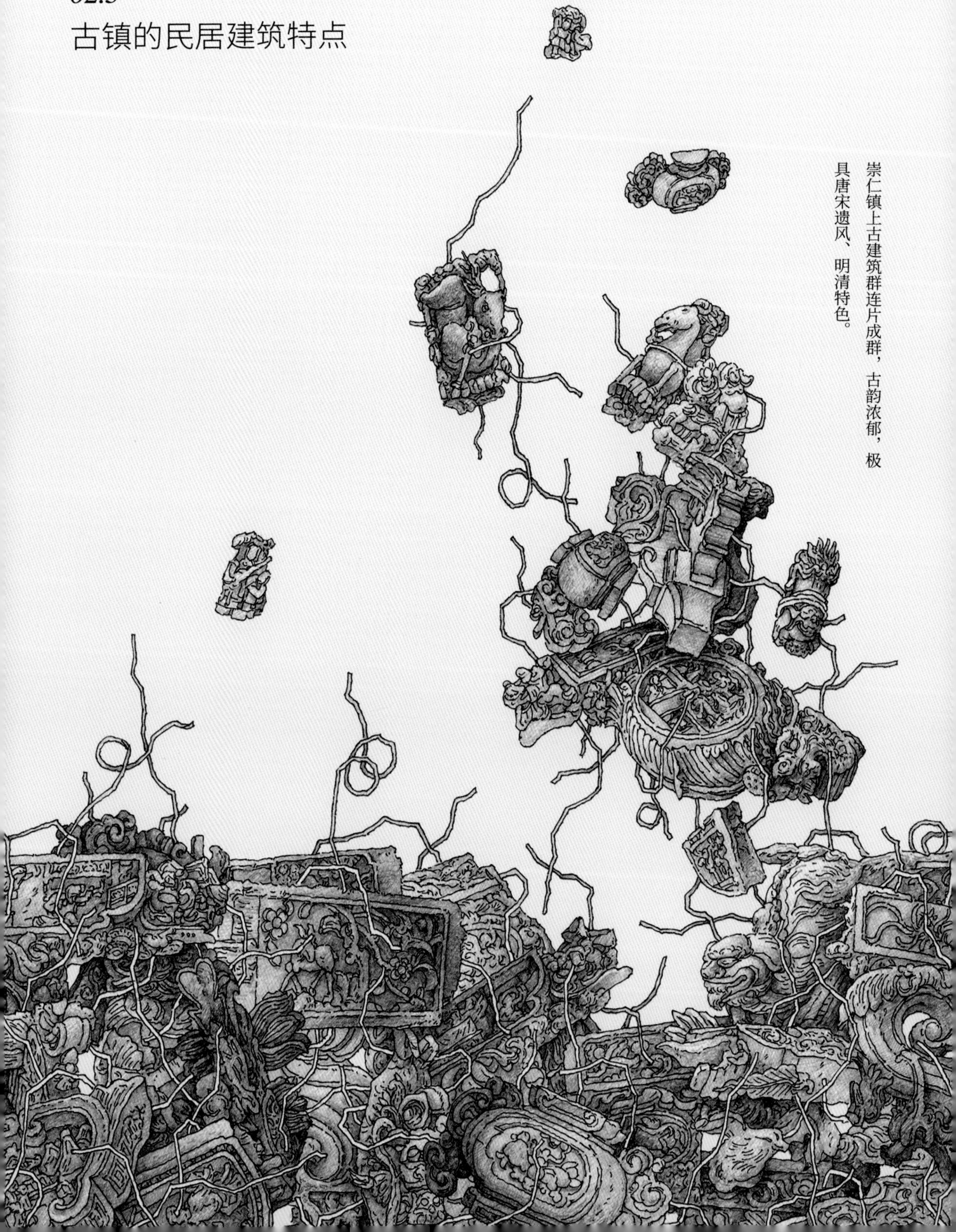

「壹」营造之美——古朴浑然，精微奇崛

走进古镇，宛如走进一座雄浑宏大的江南古民居建筑博物馆。

在崇仁古民居建筑中，最重要的建筑当推裘氏老台门“五联台门”。五联台门是玉山公为 5 个儿子所建造。围绕玉山公的老屋台门由大夫弟台门、樵溪台门、翰平台门、静轩台门、云和台门组成，总面积达 6600 多平方米。另有敬承书房，供其子孙读书之用。这是清中后期的一组清一色的青砖白墙硬山顶建筑。台门内部用材精良，砖雕、木雕、石雕精细生动。各台门都独立成院，自立门户，而底层又设边门，户户相通。楼上则用跨街楼与相邻的台门隔巷相连，从而成为一个自上而下互相通联的民居群落。“五联台门”反映了孝义睦族的义门精神，这种布局在古建筑中并不多见。

| 1 | 2 |

台门内部精美的木雕 _1
夏克梁

跨街楼 _2
摄影 夏克梁

崇仁传统民居的格局是以台门为正统。在古镇，较有代表性的台门为“官宦台门”“商贾台门”和“平民台门”三类，这三类台门的面宽和进深则依据住户的身份高低、财力强弱、人口多少而定，宽有三开间、五开间、七开间不等，深有二进、三进之别。这类民居建筑多为封闭式的三合院或四合院，其布局大致如下：前为台门，然后是天井、堂屋、侧厢、座楼，组成一个独立的宅院。

| 1 | 2 |

临街的传统民居 _1
郭焱

古镇民居中的天井 _2
郭焱

GUO YAN 2009.8.1 崇仁古镇

崇仁古镇庞大的建筑群就这样分布在约3平方公里的范围内。由南而北，一条直街贯穿全村，4条横街与之相连，形成了一纵四横的棋盘格局。在这个棋盘上，民居、戏台、祠堂、庙宇、书院、牌坊、药铺、店房、作坊、桥梁、池塘、水井等一应俱全。

崇仁古民居建筑群 _1
陆伟

贯穿古镇南北的老街 _2
摄影 夏克梁

民居入口 _3
段俊如

行云流水般的细节雕刻，将中国传统文化中含蓄悠远的意境之美，带进了独具匠心的建筑雕刻设计之中。

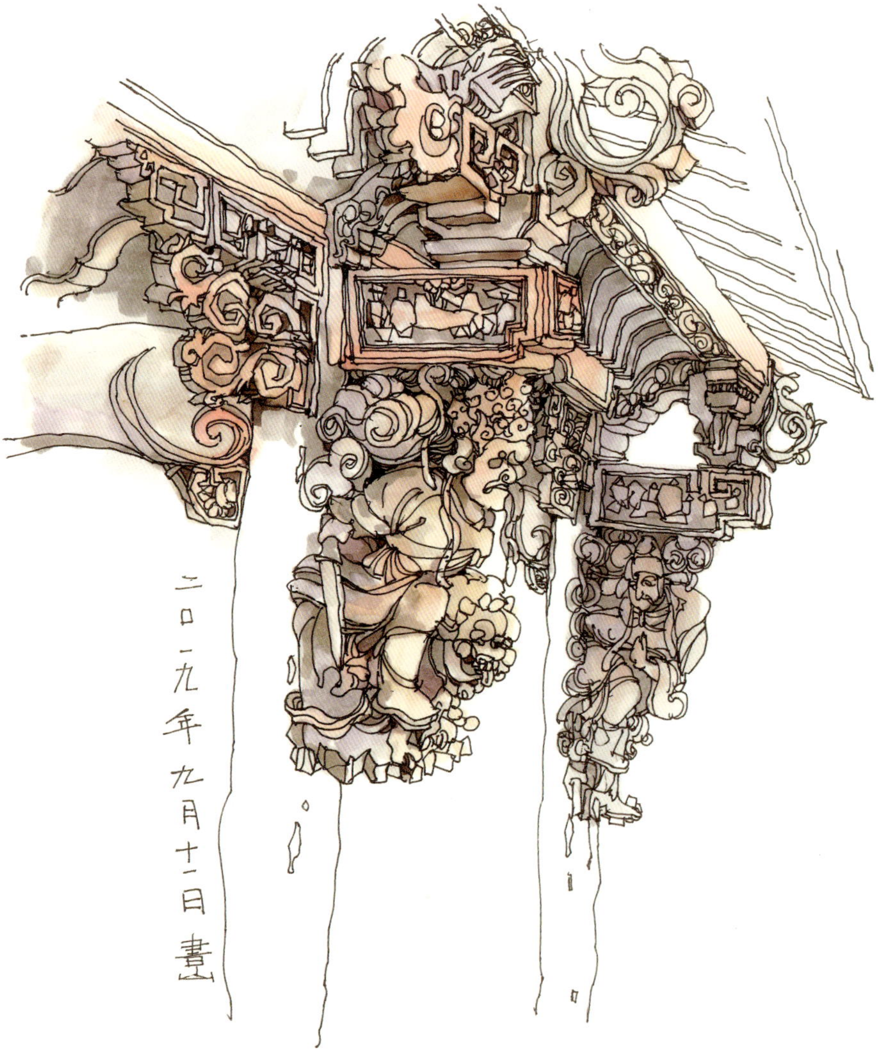

「贰」细节之美——精雕细镂、精美绝伦

在崇仁老台门中，常见到木雕、砖雕、石雕（俗称“三雕”）、堆灰及壁画、彩绘等传统装饰工艺在屋饰上的大量应用，其表现题材十分丰富，有人物、花卉、鸟兽、山水、植物及几何图形等，工艺精美绝伦。一些民居建筑的屋脊、出檐、马头墙等均有砖雕装饰，气势浑厚，典雅庄重，形象生动，如砖雕“姜太公钓鱼”“文王拉车”。其中敬承书屋照壁的砖雕堆塑，数量之多、工艺之精、构思之巧，堪称一绝。再如镂空石雕“凤鸣朝阳”“吉祥万年”等，一些厅堂前檩枋底面的雕刻彩绘，百鸟台门千姿百态的百鸟檩雕，百鹿台门的檩和道地上那姿态各异的一百只鹿……雕刻艺术或豪华，或古朴，或写实，或空灵，或隽永，蕴藏着深厚的建筑文化，给人一种旷远、古朴、精致的美学意味。

那些大户人家如官宦台门和商贾台门，檐廊檩枋多雕刻百鸟、百鹿、百蝠、双狮等瑞禽、瑞兽吉祥图案，在廊檐设置斗拱建筑，廊柱上多饰有木雕牛腿、雀替，廊檐厢房门窗、户外墙上多采用精雕石窗。门窗的图案除常见的平棂、方格眼、井口纹、十字纹、如意纹外，尚有花卉戏曲人物和瑞兽，图案线条流畅，雕刻精细逼真。如云和台门前厅大门上的精美雕刻——『米芾拜石』『羲之爱鹅』『太白醉酒』『林逋放鹤』等画面，体现着家族的文化涵养与人生志趣。这些雕刻作品堪称艺术宝库中的精品，具有较高的艺术价值，折射出宋元明清时期社会生产力的发展水平，体现了嵊州民居古宅的建筑技术、美学与生态学的完美结合，反映着当时社会的伦理宗法关系。

1 | 2 3 4 5 6

三雕中，木雕最为常见 _1
张书山

雕刻精美的建筑构件之一 _2
曹红斐

雕刻精美的建筑构件之二 _3
曹红斐

雕刻精美的建筑细节之一 _4
唐靖

雕刻精美的建筑细节之二 _5
唐靖

雕刻精美的建筑细节之三 _6
唐靖

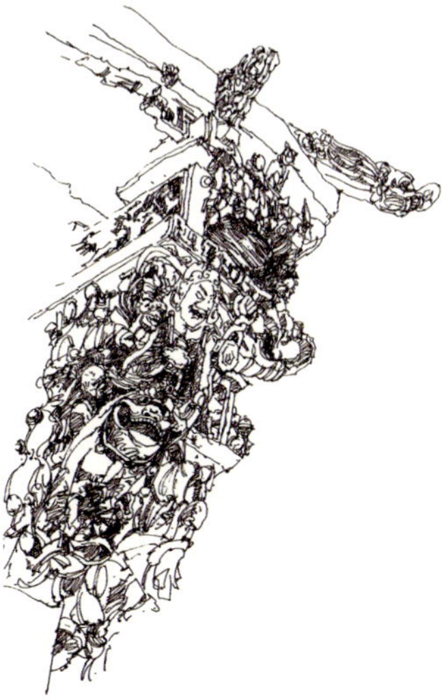

「叁」人文之美——崇尚仁义、和谐相处

在古巷里行走，不难发现凡转角处的墙角都呈柔和的圆弧形。这些用在墙角的建材多用整块青石，有一人多高，十分利于行人，又能避免碰撞。过街楼的设计，也颇人性化。由此可见，古镇很注重在舒适中彰显仁义，在建筑中凸显人文关怀。

古镇民居的人文之美还体现在『井』文化上。在玉山公祠后面『凹』字形墙裙间，有一口『让井』，它的身上有着一段被岁月尘封的轶事：古时有户裘姓人家建房时，这口露天井要被围进屋里，邻居因用水不便而起纠纷。这户裘姓遂将屋基退出数米，让出水井，方便村民用水。这一『让』，让出了襟怀，让出了和谐，让出了『崇尚仁义』的内核。

1 | 2 | 3

民居中较为常见的马头墙 _1
夏克梁

具有防火功能的马头墙 _2
摄影 夏克梁

木结构的梁柱，可以起到防止垮塌的作用。民居建筑的内部一般均以粗大的原木为柱或梁 _3
鲁江

古镇民居的人文之美，更体现在以人为主体的消防文化上。那一道道架在民宅之间二层处，高约 2 米多的马头墙（风火墙），一般设在五间四厢或两厢之间，可防风防火。而且古建筑内部多以粗大原木为柱和梁，大大降低了着火及垮塌的可能性；楼板、屋顶多以竹、木板上土或加盖青石板而成，楼间多以原木砍削为梯，从而有效解决了楼内竖向防火分隔的问题。一旦地层着火，楼板上垮塌的土和石板会自然地盖住火苗，避免形成立体燃烧。台门间小巷曲折多变，亦能有效阻隔火源。此外，古镇的街巷、民居有新旧水井 100 多口，有些台门间甚至有一个长 5 米、宽 4 米的水池，有的台门进门处设有石砌凹槽，既方便村民用水，又可应消防之急，还有防盗功能。

1 | 2

街巷中的防火墙 _1
夏克梁

古镇巷道 _2
摄影 夏克梁

02.4
古镇的主要建筑

「壹」玉山公祠

古巷入口，竹木扶疏，

一座偌大的建筑迎面而立，

这便是古镇第一大祠——玉山公祠。

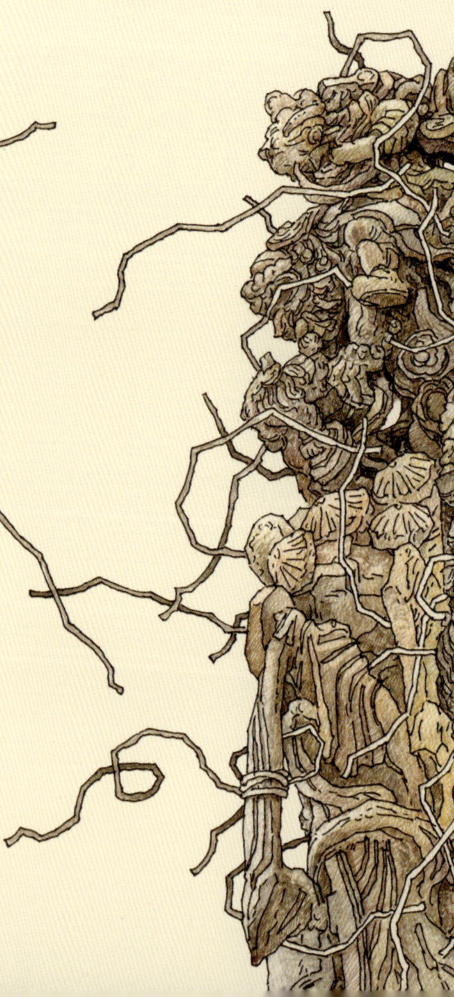

玉山公祠坐落在崇仁古镇中心，建于清乾隆五十六年（1791），建筑面积1000平方米，供祭崇仁裘氏第十九世祖玉山公。玉山公（1700—1788），字佩锡，号玉山，附贡生，敕赠儒林郎。据说他事业有成，财富丰厚，先后为5个儿子建造了5座台门（即『五联台门』），其后人为他建造了公祠。

1	2
	3

古戏台柱子上雕刻精美的牛腿 _1
夏克梁

公祠一角 _2
摄影 夏克梁

玉山公祠的古戏台 _3
夏克梁

公祠是崇仁古镇的标志，是裘姓宗族的繁荣见证。公祠坐北朝南，主体建筑分布在纵轴线上，自南至北依次为照壁、门厅（前厅）、戏台、正大殿（正厅）、后厅。门厅和正大殿之间两侧均建有厢房，东西北三面筑有围墙，使整座建筑呈封闭状的四合院。玉山公祠以窗台、楼阁、牛腿上的众多精美生动、形神兼备的木刻、石雕、堆灰作品著称，被民俗专家称为“民间艺术宝库”。玉山公祠还见证了越剧的发展，著名越剧表演艺术家袁雪芬等曾在此古戏台展现风华。

1	2 3 4

公祠随笔 _1
邓攀

公祠内的主体建筑 _3
邓攀

戏台及其藻井 _2
张书山

公祠一角 _4
摄影 夏克梁

1 4
2 3 5

义门裘氏家庙 _1
吴冬

入口柱子上的牛腿 _2
王玮璐

家庙的金字门匾 _3
摄影 夏克梁

家庙第三进建筑的空间 _4
李国胜 夏克梁

家庙的第二进建筑 _5

「贰」义门裘氏家庙

义门裘氏家庙，俗称『老家庙』。它始建于南宋嘉定年间，历世修葺扩建，现存建筑基本形成于清光绪廿三年（1897）。老家庙占地 946 平方米，具有明清时期江南古建筑风格。

老家庙还是一段凝固的历史，记载着崇仁义门裘氏家族的延续和发展，也是研究古镇历史文化和裘氏家族史的重要依据。2006 年 5 月，老家庙被列为国家重点文物保护单位。

老家庙更有一进比一进高的建筑特点（俗称“步步高”），三进五楹的建筑布局，间距宽敞，气势恢宏。其中，地面的“位列三公”“三阳开泰”“福禄寿喜”等吉祥图案寓意祥和，雕梁画栋制作精良，木雕、堆灰、表画工艺精湛，内部保存完好，建筑工艺价值较高，是江南古建筑中家庙的代表作。

「叁」庙宇

据谱载，崇仁古镇有庙 16 座、庵 18 座，供奉神像、佛像，为信徒祭神诵佛之所。经沧桑巨变，今许多庙庵或因年久失修，或移作他用，所存寥寥。

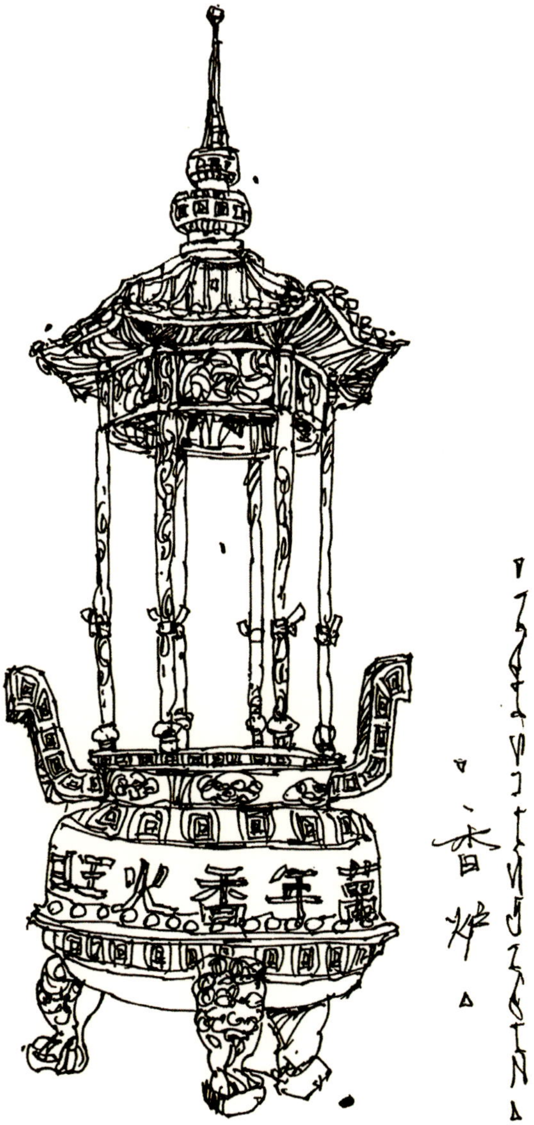

这些庙宇主要有：位于镇东的五庙，供太祖明王，为宋时张、黄、李、白、段五姓创建，故名五庙；地处镇东的东镇庙，供陈灵济侯，明时创建，现被移作他用；位于南镇庙路的南镇庙，供张明王，现移作他用；位于竹行街的西镇庙，又名显应庙，原为永富乡香主庙，初建于三国吴赤乌二年（239），现改建为商住楼；地处七八村厅前路的伟镇庙，明时初建，1990 年 4 月被批准为县文物保护点；位于长善桥的东岳庙，清道光年间初建，今易名长善寺，1996 年 12 月被批准为佛教活动保护场所，庙内存有光绪廿五年（1899）“太阳太阴会碑”。另有土地庙、田祖庙、曹娥庙、文武庙、新田祖庙、泗州殿等庙宇。

1 2 3 4

东镇庙及其外部环境 _1

东镇庙入口 _2

香炉 _3
张书山

东镇庙内部空间 _4
王玮璐

02.5
古镇的主要构筑物和设施

「壹」古井

崇仁至今留存的古井有 51 口，这些古井多用整块青石镂空作井台，上面有一道道被井绳磨出的凹痕，井壁多用鹅卵石砌筑，井边配有青石凿成的井槽、井臼。以直街为界，街东大多是圆井，街西多为方井。

最有特色的古井有：上镌“吴赤乌二年（239）凿”的上方井，南北朝时开凿的葛翁井、科名井，宋时开凿的下园井、桂花井、八角井、修绠井、花红井，明时开凿的灵异井、清凉井、廉井、延寿井、七年井、橘香井、东旺井、竺家井，清时开凿的让井、蟹眼井、虎井等。这些镶嵌在老街、老巷、老台门的一口口古井往昔是饮用、消防两用，现有的仍为村民取用。这些古井不但滋润了一方子民，而且孕育了崇仁独特的“井”文化。

「贰」后门塘

后门塘又称太平塘，在崇仁古镇后门塘路14号北侧，面积150平方米，塘深0.9米。旧时，后门塘聚会众流，盈科后进，堪舆家称之地灵。此塘平时供洗涤、消防之用，系师姑寺遗迹之一。崇仁地势北高南低，水也由北而南，这后门塘与暗沟相连的前门塘遂成为古镇中间的一条活水，两边有东圳、西圳。

1 2 3 4 5 6

一方水井，不知养育了古镇几代的村民 _1
邵卫

圆井 _2
摄影 夏克梁

上方井 _3
摄影 夏克梁

后门塘可以说是整个崇仁古镇的中心地带 _4
摄影 杨博

如今的后门塘，除了仍旧可以起到防火的作用，还可以种植水生植物，起到美化环境的作用 _5
吴冬

后门塘及其周边的建筑 _6
郭焱

02.6
古镇的建筑主要构件

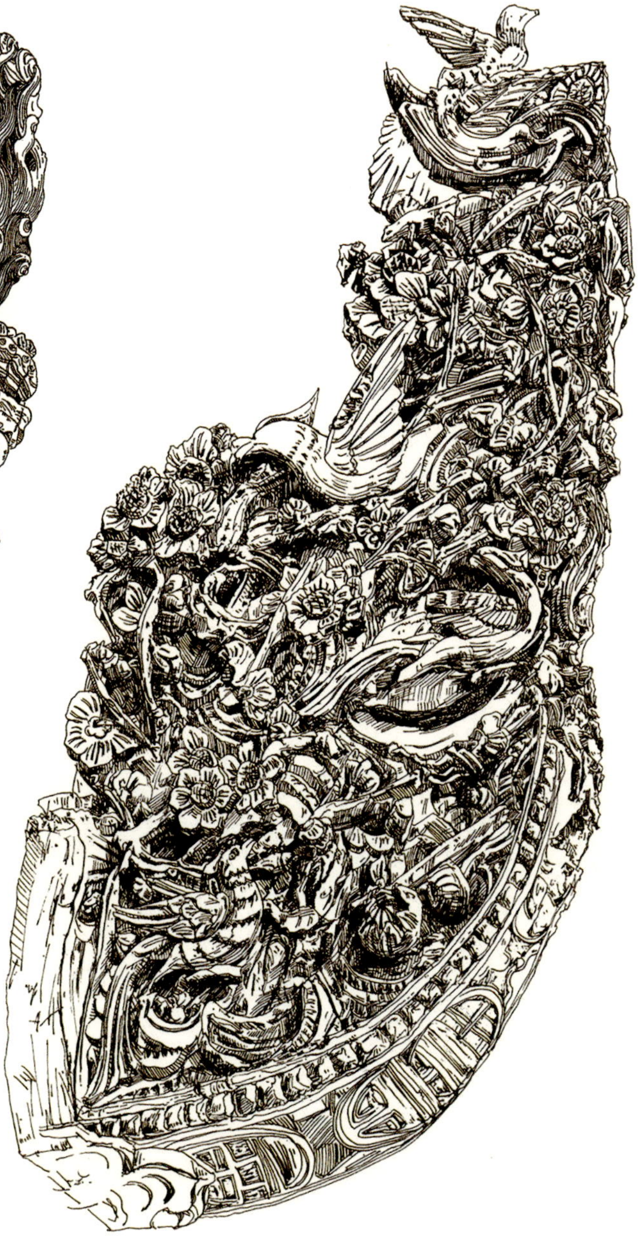

「壹」牛腿

中国的古建筑结构，多数材料以木头为主。劳动人民利用各种结构部件，雕刻着各式各样的吉祥物。在柱子上与挑臂梁之间的构件，古建筑术语中叫『牛腿』，主要有支撑、美观的作用。

1 2 | 3

家庙门厅的倒挂狮子牛腿 _1
倪伊甸

民居建筑中的牛腿 _2
倪伊甸

不同形态的牛腿 _3
摄影 夏克梁

在玉山公祠，雕刻有许多精美的牛腿，门厅的牛腿雕有“花瓶上插牡丹花”，寓意富贵平安；戏台上的牛腿或雕刻“有地位者骑着狮子，八仙在旁相扶”，寓意成功、尊荣和勇毅。后厅中的两组牛腿——东边一组的“司马光砸缸”“人狐鼠相处”“济公济贫”“愚公移山”“三娘教子”“真假猴王”，西侧一组的“孝”“义”“勤”“俭”“泼水浮球”“薛平贵回窑”等雕刻惟妙惟肖，“笔”简意赅：如一个官太太拿着一把竹丝很茬的扫把扫地的情景，一个“俭”字跃然而出；“真假猴王”则告知人们要生就火眼金睛，去辨别生活中的真假是非；“人狐鼠相处”则寄予着人类与动物和谐相处的美好愿景……

而在老家庙，门厅中间两柱子上与挑臂梁之间的牛腿雕刻着倒挂狮子，表示守护和祥瑞的寓意。左右两边的牛腿雕刻着『和合二仙』，一个手持盛开的荷花，一个手捧有盖的圆盒，取『和（荷）』和『合（盒）』的谐音，是和好之意，这是中国传统意义上的象征形象，也是几百年来家庭和合、婚姻美满的象征。随着历史的演变，『和合二仙』又被赋予了新的意义，它是和合文化的象征，也是和谐社会的象征。

1 | 2 | 3 4 | 5

建筑上的牛腿之一 _1
王玮璐

牛腿 _2
曹红斐

家庙门厅两旁的“和合二仙”_3
摄影 夏克梁

玉山公祠戏台柱子上的牛腿 _4
摄影 夏克梁

建筑上的牛腿之二 _5
王玮璐

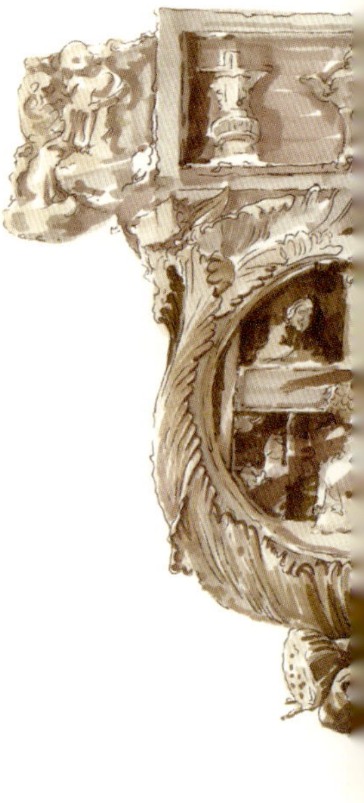

WANG WEI LU HUAI

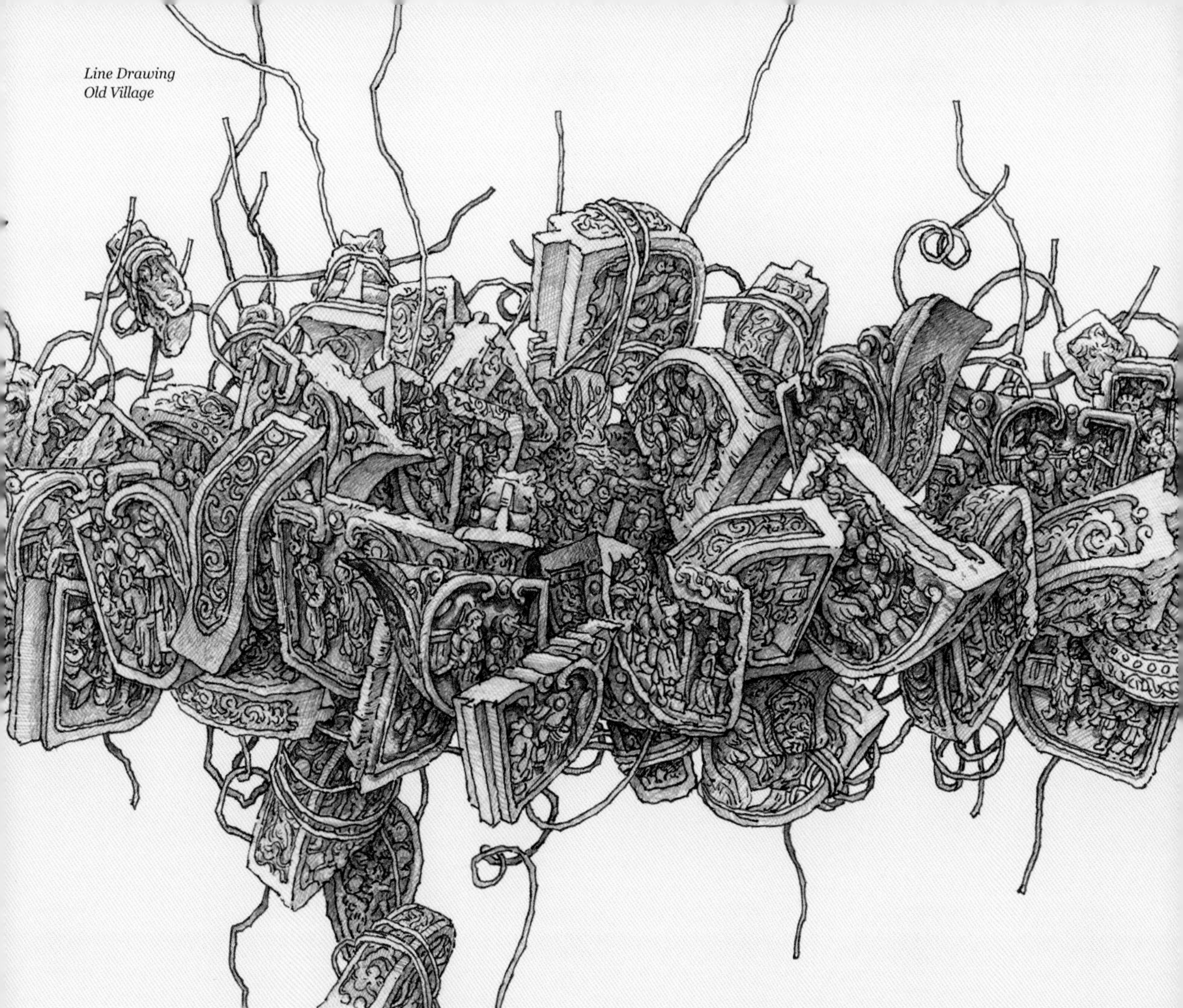

「贰」雀替

雀替是中国建筑中的特殊名称，一般安置在梁与柱交点的角落，即大殿柱子顶部和阑额接触的地方，它原本就是一段托木、插角，可以缩短梁枋的净跨距离。它也用在柱间的挂落下，或为纯装饰性构件。

1 | 2 | 3 4

各种不同形态、不同角度的雀替 _1
夏克梁

作为建筑上的构件，雀替尽管不大，但往往构图生动、雕刻精美 _2
张书山

以玉兰花为题材，镂空雕刻的雀替 _3
摄影 夏克梁

卷草龙纹的雀替在民居建筑中较为常见 _4
摄影 夏克梁

在一定程度上，雀替可以增强梁枋的荷载力，预防梁柱交界处的剪力，在木建筑上多用木雀替。崇仁老家庙的雀替，有“梅花、喜鹊”“松鼠偷葡萄”等画面，构图精美生动，具有稳定和装饰等功能。

「叁」冬瓜梁

冬瓜梁，是嵊州传统民居营造中最重要的『大木』项目。其两端断面为圆形，横梁中部略微鼓起，整个立面看上去就像一个硕大的冬瓜，故有此名。因冬瓜梁看去又像一条体形浑圆的泥鳅，故又称泥鳅梁。

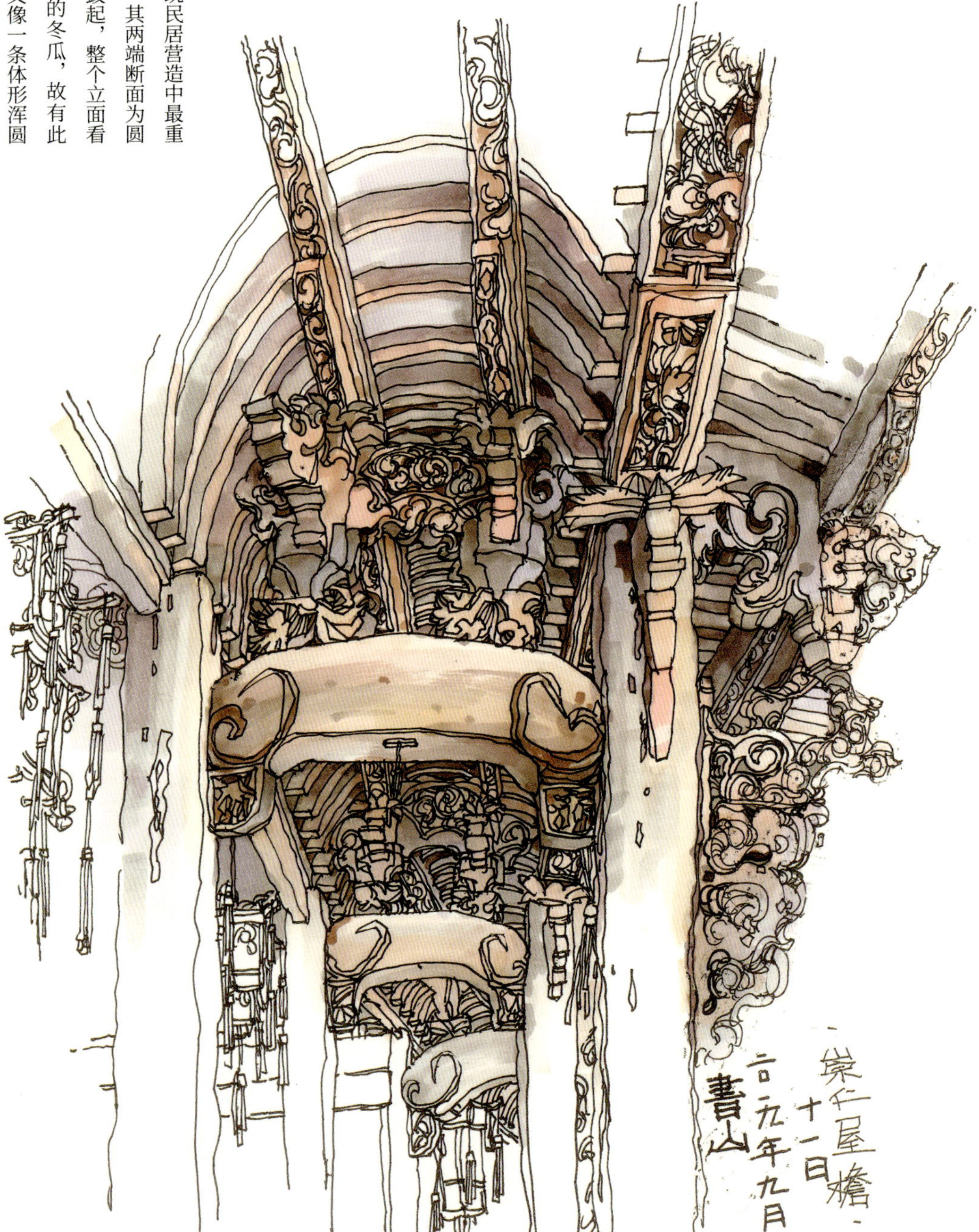

冬瓜梁的两端常雕刻扁圆形或圆形花纹，中段常雕有多种图案，通体显得恢宏、华丽、壮美、遒劲，颇有气势和神韵。作为建筑的重要构件，这样的冬瓜梁在崇仁玉山公祠、老家庙、老台门等古建筑上几乎随处可见。

1 | 2
34

冬瓜梁，其形态极像冬瓜 _1
张书山

各种形态的冬瓜梁 _2
张书山

冬瓜梁两端常刻有花纹，并与雀替组合在一起 _3
摄影 夏克梁

牛腿与冬瓜梁 _4
摄影 夏克梁

冬瓜梁在建筑中起着承上启下的作用，其下联结两边粗大的立柱，其上借助斗拱和『象鼻梁』承托屋顶。借助冬瓜梁，不仅整幢建筑的立柱架构稳固，而且把屋顶的重量巧妙地消减后传递给立柱，保证了建筑的牢固性。

「肆」花板

在崇仁古镇，民居建筑的花板图案多采用暗喻和谐音的方式表现吉祥的寓意，如『平安如意』用花瓶与如意图案组成谐音表示。而一些花板木刻浮雕，内容有人物传奇、花卉鸟兽、诗词图文、琴棋书画、博古图案等，艺术题材丰富。

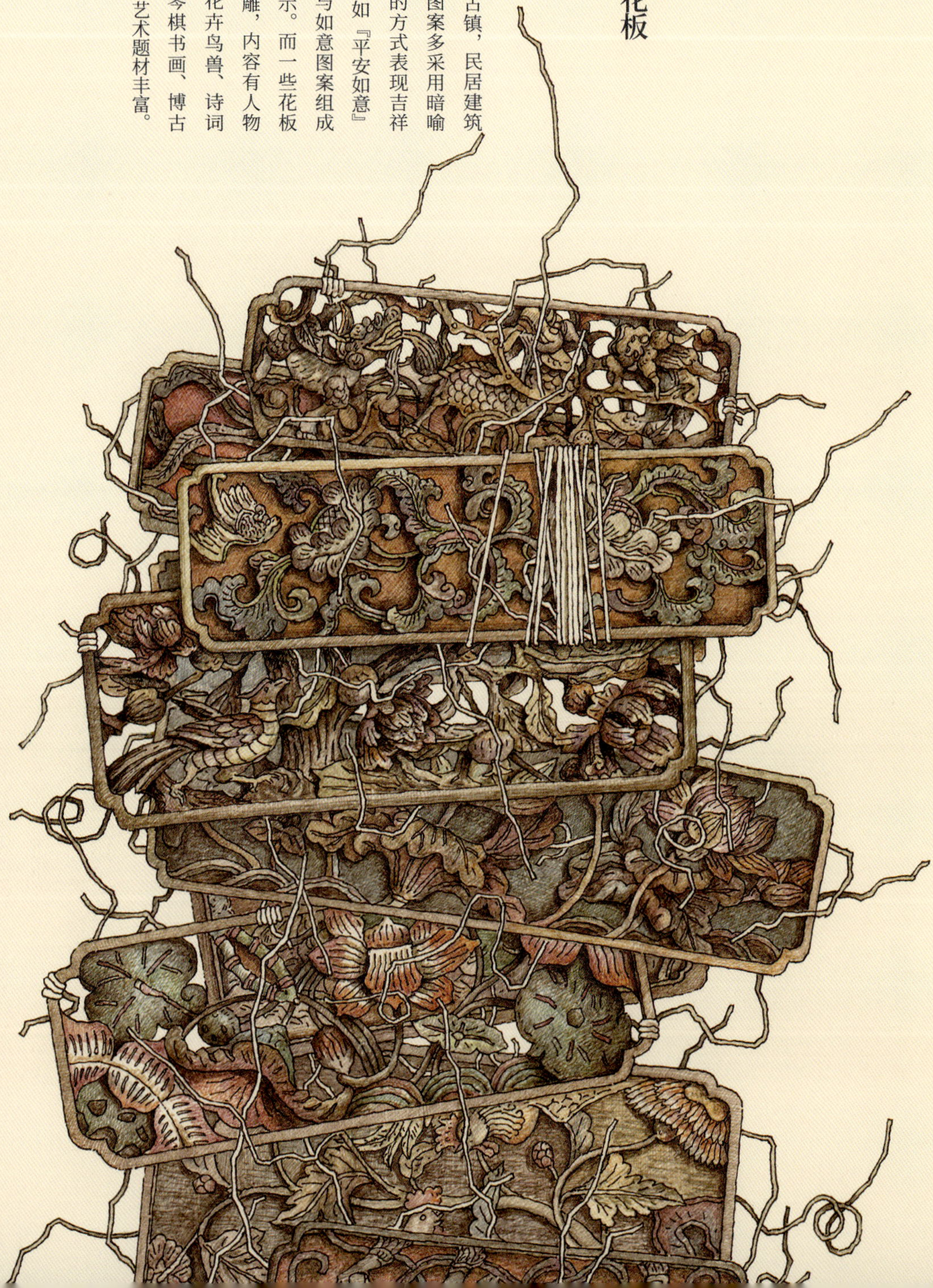

在崇仁老家庙正厅和门厅腰壁上，在漏窗门的花板中，刻着八仙的各种法器（称『暗八仙』），每位仙家的法器都有所不同，其代表的寓意也迥异。如汉钟离所持的为宝物团扇，张果老的是鱼鼓，吕洞宾的是宝剑，铁拐李的是葫芦，韩湘子的是横笛，曹国舅的是玉板，蓝采和的是花篮，何仙姑的是荷花，均寓意消灾、避邪、吉祥。

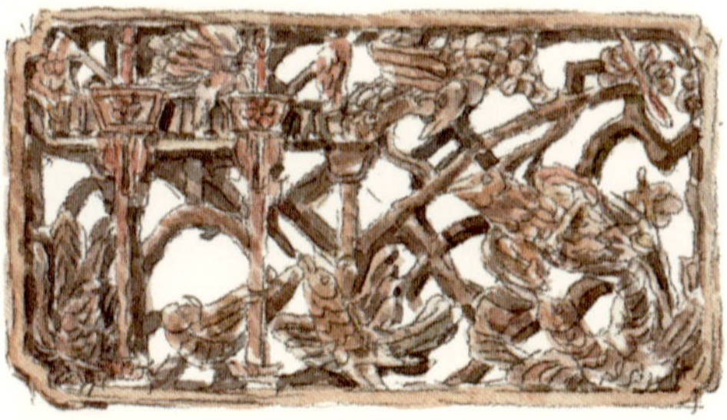

1 | 2 3 4 5 6

雕刻精美的花板 _1
夏克梁

以人物传奇为内容的花板 _2
摄影 夏克梁

花板图案多采用暗喻和谐音的方式表现吉祥的寓意 _3
向俊

花板的内容多为花卉鸟兽和博古图案 _4
向俊

民居建筑中的花格窗上一般都嵌有花板 _5
摄影 夏克梁

漏窗门中的花板 _6
张宝妹

而在玉山公祠和一些老台门，门窗花板上常雕刻花鸟虫鱼、人物山水、传奇故事等图案，多寓意吉祥如意。

1 2 | 3

传统匠人曾经用过的各种工具 _1
鲁江

叠放成堆的各种生活中的器物及农用器物 _2
夏克梁

使用中的老器物 _3
摄影 夏克梁

02.7
崇仁老物件

随着时光的流逝，一些曾经相伴左右的老物件已渐次淡出人们的视线，静静地躺在老屋和记忆的光影里，散发着一种淡淡的馨香。如今，一次久违的重逢，却让记忆深处的那份情感与温暖瞬间倾泻而出……

「壹」生活器物

在崇仁古镇老街，至今仍开有裘姓『铜匠店』等百年老店，里面陈列的铜制品、蜡制品等老物件众多，其中很多是用于嫁妆的器物。崇仁民间，生活类的老物件很多，常见的有铜踏、火炉、手炉、铜灯盏、油灯盏、灯笼、香炉、蜡烛台、蜡壶、竹篮、套篮、茶篮、豆腐篮、小凳、长凳、春凳、骨牌凳、靠背椅、纺花椅、八仙桌、圆桌、长桌、写字桌、大橱、小橱、五斗橱、樟木箱和皮箱等。

1 2 | 3 4 5 6

各种常见的生活器物 _1
摄影 夏克梁

蓑衣 _2
林婕妤

纳鞋底物件儿 _3
林婕妤

油灯 _4
林婕妤

水桶 _5
林婕妤

别样的煤球灶 _6
林婕妤

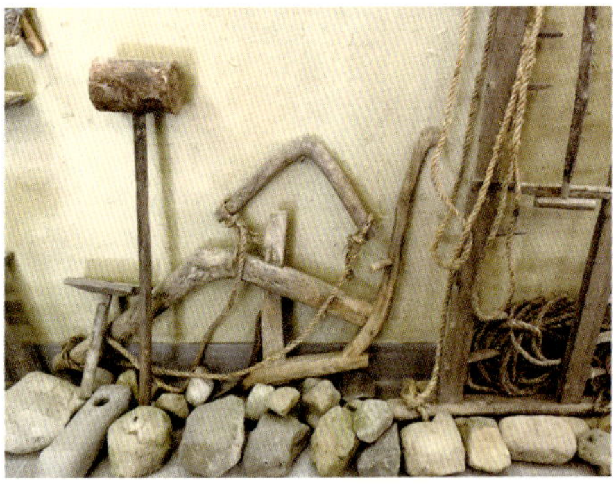

「贰」农用器物

在崇仁古镇，随意走进一个老台门或一户农家，你的目光常常会被一些似曾相识的老物件所吸引，如风车、水车、独轮车、双轮车、锄头、铁轧、铁锨、犁、耙、稻桶、打稻机、搂谷耙、畚箕、扁担、箩、砍柴刀、柴绳和石磨等。它们或放在台门内侧，或高挂在廊道上方，或闲置在天井、屋角，在岁月里静默着。

1 2 3 4 | 5 6 7

部分农用器物其使用率已较低 _1
摄影 夏克梁

厅堂一角的农用器物 _2
夏克梁

在很多民居的厅堂中，叠放着各种农用器物，农忙季节依旧使用着 _3
陈丽娇

废弃的风谷机 _4
陈丽娇

短柄簸箕 _5
陈丽娇

篾制箩筐 _6
陈丽娇

箩筐是最常见的农用器物 _7
林婕妤

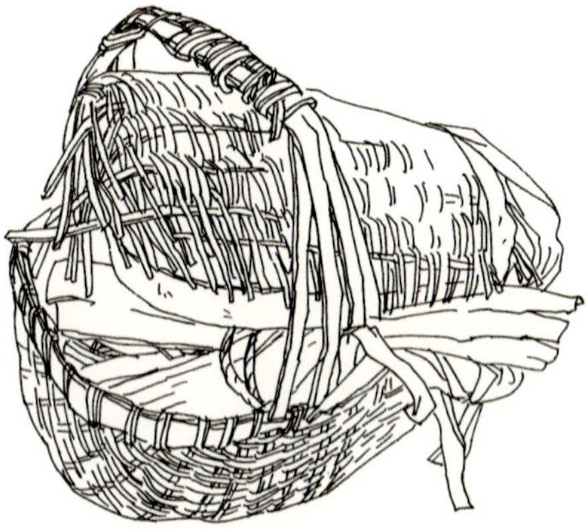

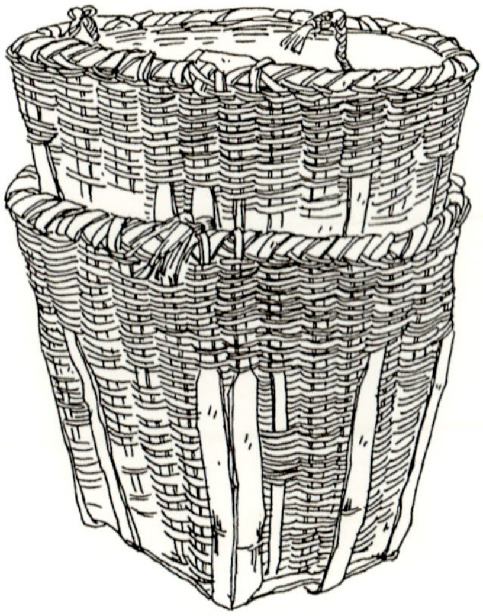

古村落是在人类发展演变过程中形成的，
它承载着建筑和生活的记忆，
是维系民族情感的纽带和传承民族文化的重要载体。
嵊州有着悠久的历史，文化积淀深厚，传统古村落形态多样。
嵊州的古祠堂、古戏台遗存较多，保存完整，
其建筑上的木雕、石雕、砖雕堪称一绝。

行走嵊州
古村落

03

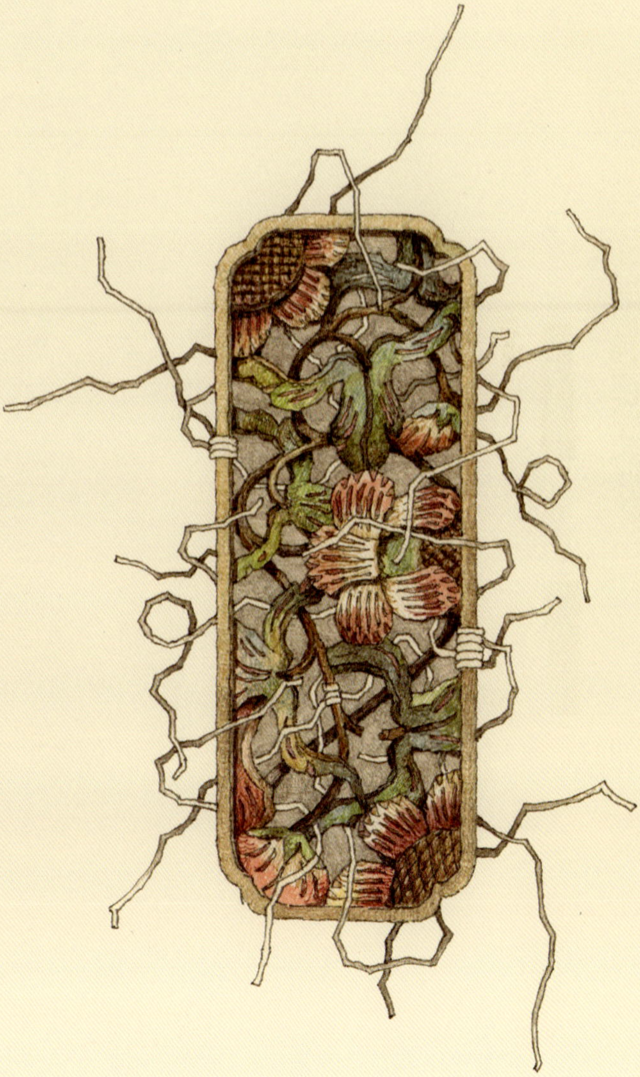

1 2

嵊州如今还保留着很多
完整的古村落 _1

花板 _2
夏克梁

03.1 01 古村落

华堂古村

华堂村是王羲之后裔的最大聚居地，里面居住着王氏第 52 代至 60 代的后裔共4000多人。而华堂古村，更是华堂村的核心区域。

1 2 3 4 5

华堂古村中的老戏台 _1
张书山

宗祠主入口及池塘 _2
张宝妹

王氏宗祠的孝子殿 _3
摄影 夏克梁

古朴、典雅的华堂民居 _4
张书山

华堂古村民居 _5
杨博

于微雨中邂逅华堂，山岚氤氲，光影斑驳，像历史留下的一个残梦，又像时间镌刻的一帧册页。村头有两口绿意盎然的荷花池，青色的石牌坊和岸边玩耍的孩子倒映在水中，随着水波一漾一漾，江南的清纯和秀美就这样在不经意间渗透出来，沁入心脾。

这是一个古村落该有的样子，庙宇、庵堂、祠堂、民宅、牌坊、桥梁、更楼、池塘、水井、水圳等，建筑设施一应俱全，古村保留了一大批明清以来格局与风貌基本完整的祠庙、宅第与街巷。一溪、一圳、二街、一大家族，构成了古村独一无二的环境风貌。

华堂古村历史上有“十庙十庵十祠堂”之称。在 10 万平方米的古村内，还有 55 座老台门。一个流经全村家家户户的“九曲水圳”，虽历 5 个多世纪，仍完好如初，至今仍是全村生活、灌溉、消防的重要设施。一座建于清乾隆五十年（1785）的平溪桥，将华堂新村与华堂古村连为一体。桥下清溪潺潺，华堂古村倒映在水面，古朴而厚重，端庄而素雅，淡泊而安定。

华堂民居有着江浙建筑的清淡、典雅和含蓄，大的住宅一般从大门起经过门厅、客厅、正房到内室或后房，两侧有花厅、书房、卧室及小花园、戏台等。但不论建筑规模大小，都能看得出与其他地方民居的区别，就是雕刻装饰极为繁多，却极少彩绘，与北方民居的绚丽色彩相比，显得十分淡雅。

曲折幽深的卵石小道呈『井』字形，将我们引向一个个牌坊、台门、庵堂、碉楼、戏台、池塘、水井。或明或暗的光亮将一寸一寸历史揭开面纱。

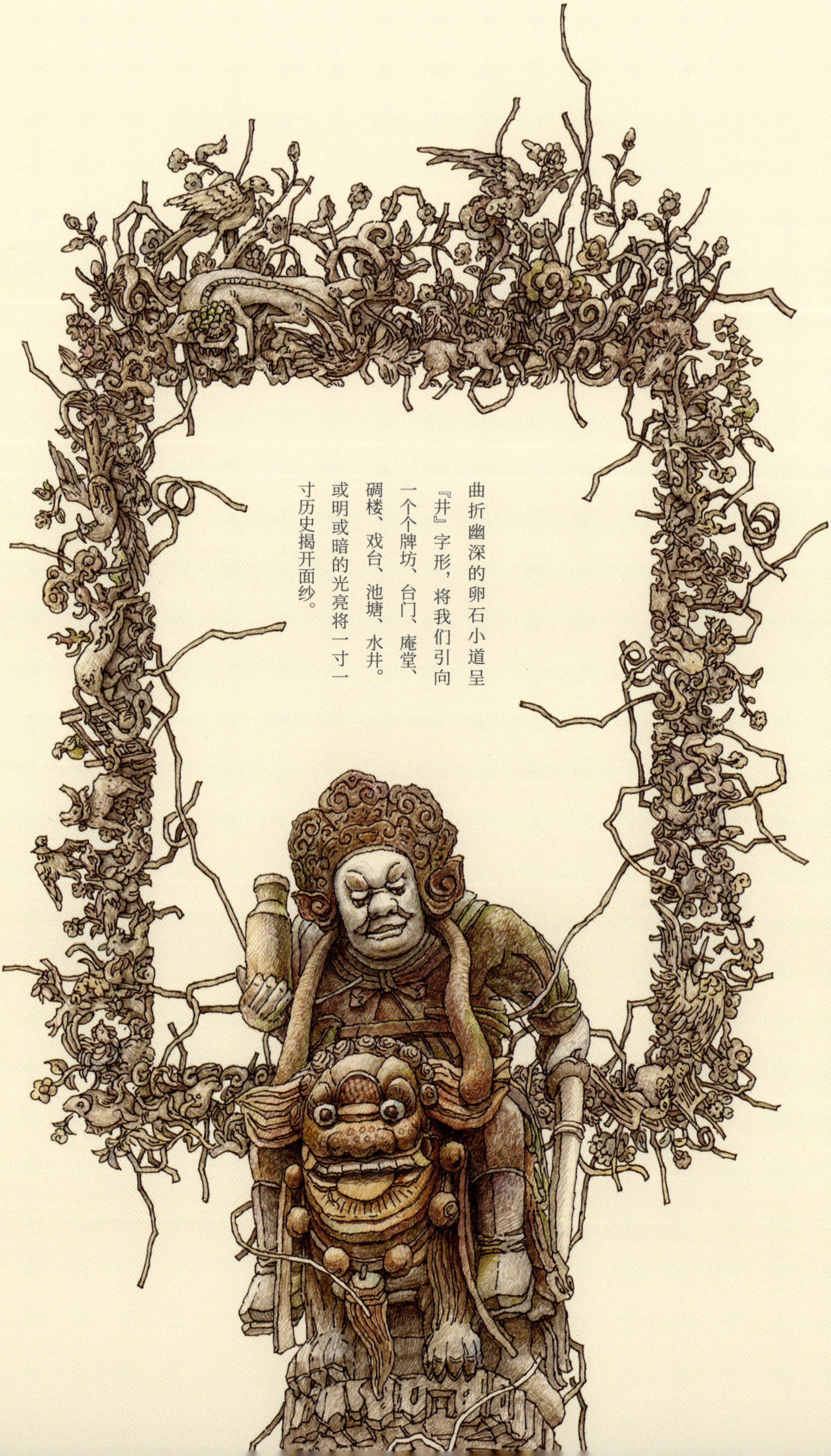

1	2 3 4

华堂新祠堂（百匾馆）柱子上的牛腿 _1
夏克梁

华堂新祠堂雕刻精美的牛腿及建筑构件 _2
摄影 夏克梁

九曲水圳 _3

鸟瞰王氏宗祠 _4
张书山

许多当年的景致，我们只能从断垣残壁上揣摩。而历经五百年沧桑的王氏宗祠给我们的不单是怀旧，更有审美的愉悦。站在连接『双塘』的小桥上放眼望去，建于明正德七年（1512）的王氏宗祠（全国文保单位，又称大祠堂）气宇轩昂，白墙黑瓦，屋宇嵯峨。入内，飞檐翘角，雕梁画栋，镂花门窗，原汁原味，古意盎然。一株已历 500 多年的月季正傲然绽放塘墙。地面卵石青苔斑斑，更添历史沧桑。祠内有石桥、古池、楼阁、大殿，有兰桂松柏点缀其间，兼具苏州园林的精巧之美和粗梁大柱的明代之风。它虽然是一个宗祠，但建筑上的斗、拱、梁、雀替、牛腿等都体现了木雕之乡的浓郁特色。

竹溪古村

03.1 02 古村落

苦竹溪，苦尽甘来，去苦存甜。会稽山脉腹地，小舜江源头，嵊州市竹溪乡便坐落于此。『清溪屈曲抱村前，四面峦峰同城郭』，目之所及，是尽染的层林，静谧的溪流，是翻卷的竹海，这是一处值得探寻的胜地，这是一个值得留恋的桃源。村庄东、西和北靠会稽山脉，东有龙潭岗，西和北有走马岗环竹溪而立，南临小舜江。古村、小舜江、会稽山脉等组成了典型的山水格局风貌。

1	2 3 4

竹溪村的传统民居 _1
吴冬

鸟瞰竹溪村 _2

竹溪民居中的回廊 _3
夏克梁

雕刻无处不在 _4
向俊

竹溪有八景，即东桥观鱼、溪口松涛、西坞牧笛、镬潭映月、鳌山纳凉、仙洞朝霞、竹岭泉声、龟岩夕照。每一处景观，无不与山乡风貌相关，每一处景观，都是一幅秀丽的生活图景。

时光在山乡静静流淌，竹溪乡台门里的故事，一代代传承。竹溪乡被誉为“江南第一深山古村”，和竹溪村保存众多的古老台门不无关系。在村里，以旗杆台门为中心，周围错落有序地分布着老屋台门、壹丰台门、贰丰台门、吴家台门等 10 多座保存完整的建筑物，构成 2 万多平方米的清代古建筑群。

其中最出名的是建于清朝道光年间的旗杆台门，是清代山村建筑的代表，主人曾是钱镠第 30 世孙钱万象。当年钱万象为浙东首富，官封朝议大夫，四品官衔，钦旌五世同堂，褒宠七叶衍祥封号。旗杆台门整体建筑共 66 间，占地面积近 5000 平方米。其整齐科学的建筑构思，独特的建筑风格，精致的雕刻艺术，及在前檐护墙上镶嵌满文“蕴玉含辉”的石匾，特显豪宅的气魄，是浙江省内现存的单体建筑面积最大的台门。提到旗杆台门，便不能不提在前檐护墙上那块用满文撰写的石碑，上书“蕴玉含辉”四字虽无落款却扬名天下，是竹溪村的镇村之宝。

竹溪村丰富的人文历史，2005 年被公布为第三批省级历史文化古村；2013 年 8 月被列入第二批中国传统村落名录。

1 2 3

传统建筑中的构件 _1
王玮璐

旗杆台门 _2

民居中的庭院 _3
段俊如

苍岩，千年古村，依山傍水，坐落在嵊州市南略偏西，与新昌接壤，距新昌西部重镇澄潭镇约 6 公里，是拥有 1350 户人家的甘霖镇第一大村。苍岩俞氏源自剡东五峰，聚居于此，称“剡南第一族”。

03.1
03 古村落

古村 苍岩

1	3
2	4

巷道 _1
夏克梁

苍岩古村中的民居 _2
张书山

苍岩的自然风光
日落济颠 _3

民居中的小院 _4
夏克梁

苍岩背山面水，风光旖旎，澄潭江和小乌溪江在此交汇，这儿也是嵊州母亲河剡溪的源头。苍岩如一幅天然的大型山水画。传说，村东有乌黑的岩石遍布山岗，每当晚霞夕辉映射，山岩上便见一片苍茫暮色，苍岩因此而得名；又因岩石为黑色，苍岩又称乌岩。

苍岩有『狮山独钓、黄坞春耕、燕尾晴岚、宝溪渔唱、岩潭夜月、明觉晓钟、莲峰积雪、石壁晚霞』著名八景，可谓地理风水上佳。

清光绪《嵊邑钳记》曰：

『乌岩一穴最难求，狮子抱球朝北斗；
一曲横拦玉带形，儿孙世代公卿有。』

苍岩老街在早些年是十分繁华热闹的，街角有两棵百年老榆树，是苍岩游子心头的牵挂。街心戏台也是苍岩老街一个跳不过去的话题。街心戏台又称太尉堂戏台，始建于南宋，现存戏台为明代所建，戏台和庙建在同一条轴线上，置于澄潭江南岸，面朝溪江，南临街道，戏台施四根石柱，无柱础，做戏时，铺上木板，便成戏台，卸下台板，便是街衢。女子越剧兴起时，袁雪芬、傅全香等都在街心戏台演过戏文。人在台上演戏，老百姓在江边沙滩上看戏。苍岩旧有石壁草堂，为明万历间俞昂创办，周汝登曾往讲学，著于一时。清道光间，俞存齐等在草堂旧址捐建苍岩义塾；光绪间，俞壬林创办石壁学堂。民国初，俞均卿在俞氏大宗祠内改办苍岩小学校。

民居建筑中随意摆放的杂物 _1
周锦绣

苍岩老街 _2
摄影 田甜

老街背巷道的民居 _3
摄影 田甜

03.1
04
古村落

泉岗古村

泉岗古村是『藏』在覆卮山半山腰的一个古村落，山峰连绵，云雾环绕，美得像一幅水墨画。它一直默默无闻地镶嵌在大山之中，直到 2008 年，下王镇大力开发旅游资源，泉岗村开始向世人摘下了面纱。

2
1 3

藏在半山腰的泉岗古村 _1
周锦绣

云雾覆卮 _2
摄影 王智炜

泉岗民居 _3
鲁江

泉岗村紧挨着覆卮山主峰，300 多户人家，大多姓俞，聚居在大山的皱褶里。新建的民居，依山势而建，错落有致。保存完好的俞家大院，尚有几十户人家，黑黢黢的砖瓦旧房，很多已历 300 年仍骨骼雄健。从建造风格和门窗雕琢的花饰，可以看出当年工匠的用心。村子中心地带，有一个硕大的水库，四周用大理石栏杆围就，水是山上的溪流截留下来的，格外清澈。村庄建筑新旧并存，现代与古老相间。2016 年泉岗村成功入围第四批中国传统村落名录、第五批浙江省历史文化名村，2017 年入选『杭州都市圈最具人气美丽乡村』。

山奇，石怪，田异，茶香，村幽，水特……凭借独特魅力，泉岗村吸引了四面八方的游客。

泉岗村还充分挖掘村内乡贤名士和历史古建筑等资源，对民国学堂起祥小学、清朝建筑上坎台门、俞桂轩（马寅初启蒙老师）墓等 3 处文物保护点进行保护。这些文保点如今已成为红色教育基地。

1 | 2 | 3

上坎台门的建筑 _1
吴冬

雪中的泉岗古村——上坎台门 _2

民居中随意叠放的杂物 _3
段俊如

樟家田春色

山风习习而来，拂过竹林，拂过茶尖，拂过老房子的一砖一瓦，掸去历史留下的尘埃，露出岁月的光泽。青山环抱，茂林修竹，一条雅璜江横贯村子东西，养育了一方水土，成就了一方文化。雅璜村村如其名，全在一个“雅”字，雅在茶香满陇，雅在竹径通幽，遥望雅璜，山林如海，静听林海涛声，清雅绝尘，只想让人就此住下。

03.1 古村落

05 古村 雅璜

雅璜村位于嵊州市西北端的雅璜乡，地处会稽山腹地，毗邻诸暨市，离市区 26 千米，是一个平均海拔在 500 米以上的山区小村。

1 2 3

民居局部 _1
张宝妹

雅璜村口 _2
鲁江

村中小巷 _3
夏克梁

2017.8.16.

村口有一历史悠久的双虹桥，建于清嘉庆三年（1798），为双孔半圆形石拱桥，整座桥梁全部用乱石筑成，历经数百年仍岿然不动。这样大跨度的双孔乱石拱桥，在嵊州以及其他地方都不多见。远远望去，双虹桥的两个桥孔，如一双历经岁月沧桑却清澈如许的眼睛，注视着这个村子的风雨变迁、凉亭古道和山乡风光，笑看岁月无声。

| 1 | 3 |
| 2 | 4 |

双虹桥 _1

画笔下的双虹桥 _2
鲁江

村中的祠堂 _3

民居中的辅助用房 _4
张书山

村中的“裘家祠堂”为具有较高人文价值的古民居，坐落在雅璜村中心地段，经历几百年风雨锤炼，如一位屹立不倒的时光老人，存留着几代人的回忆。

老旧的四合院散发着古朴的味道，一砖一瓦、一柱一椅自带一丝神秘古典的气息，仿若入了夜，这一个个老物件就能活过来一样。

这里有三月的漫天『飞雪』，这里有七月的果香甜蜜，这里有一千多年历史的高跷习俗，这里是灵鹅村。

03.1
06
古村落

灵鹅古村

灵鹅村坐落在石鼓山下，原叫『石鼓庄』，传说书圣王羲之晚年定居金庭喜欢养鹅、写『鹅』，一次，鹅振翅远翔，飞到了五六里以外的石鼓庄，于是石鼓庄就改名为『灵鹅村』。

1 | 2 3 | 4

灵鹅村的民居建筑 _1
吴冬

灵鹅王氏纯节坊 _2

竺绍康故居外观 _3

灵西庙戏台 _4
张书山

嵊州的这个千年古村，藏着太多的『秘密』，漫步村中总有听不完的故事，品不尽的古韵。

灵鹅村三面环山，一面傍水，可谓典型的江南水乡三山一水式建村风格。这里山清水秀，人杰地灵，悠悠一千年多年的历史，沉淀下来的是宝贵的文化古迹和文化遗产。

这里有众多保存完好的古建筑，石鼓祠、灵西庙、萃灵桥、石鼓山、鹅峰大佛……它们似一本书，无声地向世人诉说着这里的历史。

建于道光年间的『萃文书塾』，尽管书声已远，学院风依然浓郁。『韩家祠堂』始建于北宋靖康年间，祠堂前『本源重地』影壁犹在，还有进士坊、御史坊、尚书坊、贞节牌坊、竺家祠堂……沿着村中的绍康路前行，就是『越剧十姐妹』之竺水招故居，俗称『仁德堂』；村中还有辛亥革命志士竺绍康故居，俗称『上乌台门』，是晚清建筑，其壁画、砖雕等十分精美，非常值得一看。

1 | 2 | 3

传统民居建筑中的廊道 _1
夏克梁

灵鹅高跷 _2

竺绍康故居内庭院 _3
李国胜

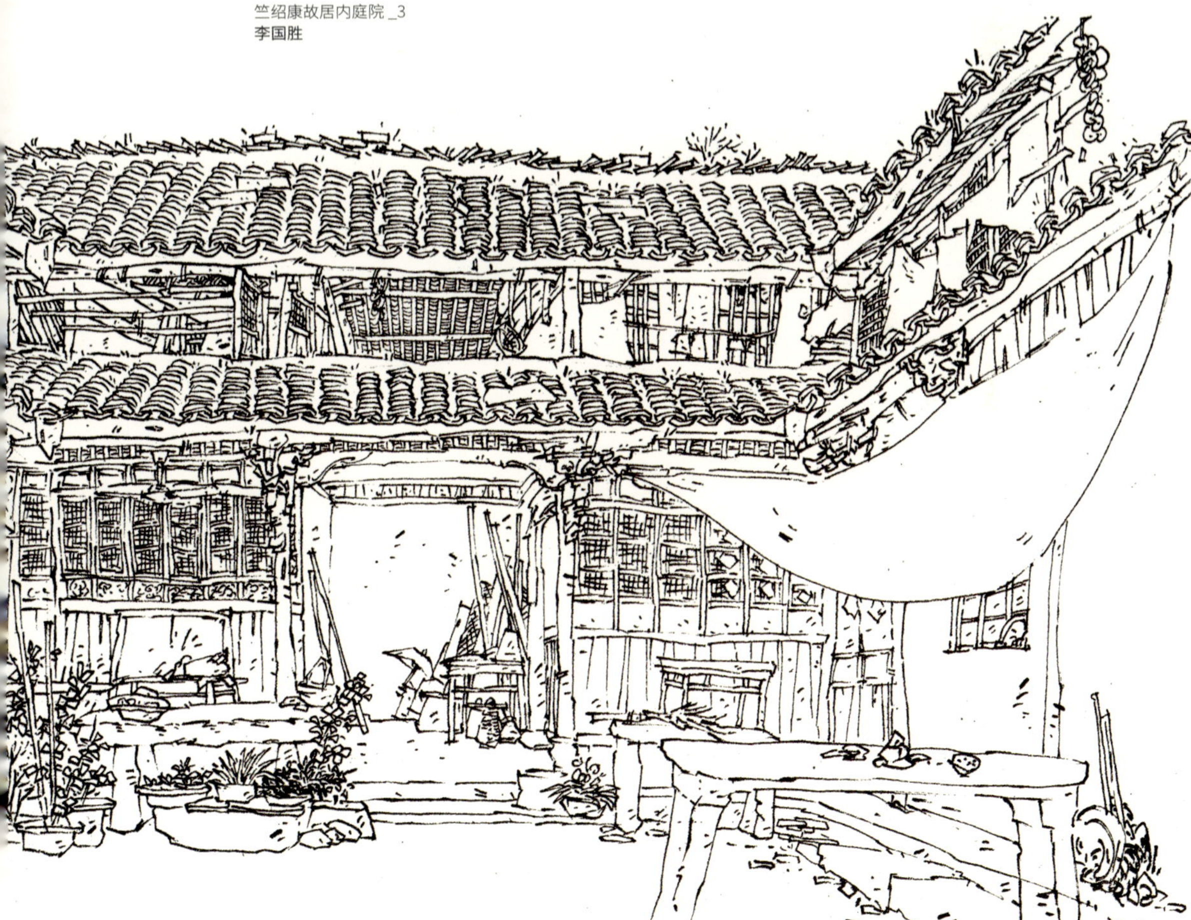

03.1 古村落

07 楼家古村

楼家古村，位于石璜镇的西北部，是嵊州市较具代表性的古村落之一。村南面良田美景，沃野千里，东面丘陵遍植茶果，石璜江水系从西面穿村而过，滋养着楼家村。无论是规模，还是数量，抑或建筑的年代，楼家古村都让人震撼。

青砖黛瓦白墙的古民居鳞次栉比地排列着，完整保留着街巷割据体系和空间形态；村中清代抚育出的历史文化名人，建造的古建筑群落绵延至今，历史悠久，底蕴深厚。若俯瞰古居，屋檐磅礴，老屋高低错落，颇有“庭院深深深几许”的韵味。建筑风格、布局和门楣的设置，严格遵循着当地的风水、八卦，透露着先人对美好生活的憧憬与期待。质朴而不张扬，简洁而不简单。这样的建筑风格培养出楼家人淳朴、踏实、稳重的个性。

1 2 3

极具年代感的楼家民居 _1
鲁江

鳞次栉比的楼家民居 _2
吴冬

建筑上的木雕 _3
向俊

村中现今依旧保存着翰林台门、希古堂、三省堂、积德堂等十多座气势恢宏的古老台门，它们多建于清朝时期，且至今保存较为完好。翰林台门的门口本来有两根旗杆，主人是清朝咸丰皇帝时的翰林，还是小皇帝（同治）的老师。里面的楼氏后人说，翰林一生清正，所以钱不多，房子造到一半时，翰林死了。翰林名叫楼启赉，于同治二年（1863）中进士，入翰林院，授修编，据说是清三百年间嵊县唯一的翰林。与翰林台门相交汇的，是希古堂。希古堂被当地人称为“三进屋”，有前后三进。因为 20 世纪 60 年代初的一场火灾，现在只剩最后一进。房子已经破旧，但从其高大的结构、残留的雕刻，以及辉煌如初的门斗，依旧可见当年希古堂的庞大与豪奢。

鸟瞰楼家古村，能够清晰地看到部分已经废弃或倒塌的古民居
摄影 马乐

因为位置相连，同建于乾嘉年间，三省堂与希古堂被并称为“姐妹屋”。三省堂同样经历了门庭变迁，翰林的后代成了台门的主人。

楼氏宗祠是楼家村现存面积最大、最古老的一座建筑。古老的触觉，最先来自大门以及照壁上的斑驳。楼氏宗祠始建于康熙壬午年，根据碑文记载，当初建有『四厅、八道地、二廊屋』，规模为嵊州之最。大厅原有『源远堂』牌匾，现已不见。祠堂里原有很多匾，然而渐渐地竟悉数失窃。走进其中一个耳房，一块『克开厥后』的牌匾赫然出现在幽暗的屋顶，长方形，龙凤纹，『光绪二十六年庚子』的落款，正是宗祠重建的时间（楼氏宗祠1862年毁于粤匪）。相比之下，翰林台门显得狭小破旧，朝西的边门，浅陋的构造，灰暗霉变。据《剡录》载：『离楼家（定林寺）五里有响岩，落雨岩响，旁有东泄谭，据说有龙焉。』明清时期，楼家村人才辈出，富甲一方，至民国更被称为『嵊县出西门楼家第一村』。

1 | 2 3

楼家村普通人家 _1
吴冬

楼氏宗祠 _2

希古堂 _3
王玮璐

在楼家古村，还有两处建筑不得不提。一处是省身堂，又称大长兴。

另一处就是承德堂，又称小长兴。两处房子几乎相连，正如两家相牵的命运。大长兴堪称楼家保存最好的老台门。左右两个龙虎门，高大如同屋宇。硕大的卷棚，如鼓足的风帆，承载一座乾嘉古宅，从历史的水面航行而来。房子前后两进，除了一个朝西的龙虎门显得阔大体面，其余逼仄不足观。

1 | 2 | 3 4

楼家古民居的建筑构件 _1
夏克梁

矮墙上的南瓜 _2
张宝妹

省身堂紧闭的大门 _3

楼家古民居群 _4
摄影 马乐

03.1 古村落

08

小昆村

小昆村的故事，得从一位名为『马嵩』的古人说起。南宋末年，一位风流倜傥的读书人马嵩无意中踏入这方世外桃源，『游太白山，爱山水之胜，因家焉。以山乃剡水滥觞，犹河之于昆仑，遂名其为小昆』。小昆村隶属于长乐镇位于西白山麓南侧，始建于南宋末年，迄今有近 800 年的历史。

1 | 2 | 3

历史悠久的小昆村 _1
郭焱

小昆村全貌 _2
摄影 夏克梁

小昆村废弃的传统民居 _3
王嘉玲

远眺小昆村
吴冬

1 2 | 4
3

小昆村随处可见的古香榧树 _1
摄影 夏克梁

祠堂中的古戏台 _2
摄影 夏克梁

小昆村的民居建筑 _3
张书山

祠堂中的木雕组合 _4
夏克梁

沿着盘旋的山路一路向上，便能看到一村落与山色相伴，那便是四面环山的小昆村。村落依山而建，随山势层层递升。小昆村山水风光优美，村域范围内地貌复杂多变，四周有方圆数平方公里的山坡，山地、梯田间有规模巨大的石浪群。村中保留了多处古建筑。有一座古祠堂、两座古庙宇、四座古桥、若干条古道与小巷。全村现存砖木结构老房，多建于清代和民国时期。其中老屋台门至今已有 200 多年历史，马氏家庙、梯云桥、万年桥等古建筑古风俨然。古旧的建筑，斑驳的墙面……

在这里无声地诉说着历史的故事，村口的古树古桥，欣赏了 500 年的风景却风采依旧。

蜿蜒流淌的东林江穿村而过，居高望下，四面环山、风光秀丽，东林村犹如一个盆地，镶嵌于美丽的东林岭南麓。

一千多年前，祖先王氏从山东迁徙到剡溪东岸居住，定居后，子孙繁衍，住宅扩建，到现在即为东林村。因村东北有东林岭，既是山，亦是岭，是北漳至奉化的山间大道，村以山岭名之，故名东林。

03.1 *09* 古村落

东林古村

1 2 3

杂乱的院子 _1
段俊如

民居前面的空地成了晒谷场 _2
王嘉玲

庭院中的廊道空间 _3
王玮璐

Bao Mei.2019

抗日战争时期，这里曾是嵊州市第一个县级抗日民主政权——嵊（州）新（昌）春（化）县办事处所在地，因此，如今的东林村还留有很多很多革命遗迹和革命故事，无声诉说着那段风云岁月。

今天的东林，文化鼎盛，东林祠堂是村里的文化活动中心，建有图书室、乒乓球室、电视室，成立了村腰鼓队、排舞队，各项活动搞得有声有色。东林村学子云集，名人辈出，村民和谐相处，花木、水果生产闻名市内外，各行各业欣欣向荣。

1 | 2 3 4

村中的巷道 _1
张宝妹

东林村残存的传统民居 _2

村中一角 _3

民居正侧面 _4
王端

走近白雁坑村，只为重拾那段失落已久的乡村记忆。

白雁坑民居，坐落于嵊州西白北麓，海拔约 700 米，是嵊州海拔最高的村庄，是全国首个“地质文化村”，省级美丽宜居示范村。村子四面都被青山包围着，山原风光无与伦比，还有一条通源江穿村而过，清泉石上，清溪慢流，颇有点“世外桃源”的意境。

03.1 10 古村落

白雁坑村

据说大约在 250 多年前，钱氏祖先路过这片山原，当时坑边白雁成群，故而取名为『白雁坑』。如今尽管白雁早已难寻踪迹，但百年白雁坑村自有一份山居悠然的气度。走在村中，依山而建的屋舍层层叠叠、错落有致，四野良田阡陌，下过雨的清晨云雾缥缈，真的让人愿意相信山里面住着侠客神仙。村内一条通源江穿村而过，潺潺流水清澈见底。篱笆墙内的民居小院古朴典雅，整洁的房屋与干净的村道完美融合。

1	2 3 4

白雁坑村的民居 _1
王端

高山村庄 _2

冬日的白雁坑村，成了旅游观光的好去处 _3

白雁坑村 _4
张书山

村落因香榧而闻名，几乎家家户户门口都种有老榧树。香榧公园是白雁坑村的一大特色景观，树干粗壮，虬枝纵横，枝繁叶茂，可观数百枝树龄在 100 年以上的香榧树。金山银山不如绿水青山，白雁坑人在西白山下安居乐业几百年，得益于此地的山水，得益于祖辈留下的香榧树。

白雁坑村有着得天独厚的地质资源。2018 年末，白雁坑村被正式命名为全国首个『地质文化村』。漫步在巨石阵，目之所及，是白垩纪早期火山喷发形成的山体崩塌遗迹，可感受大自然的鬼斧神工，欣赏山川丘壑之雄奇。三生石关、天蓬戏榧、仙桃显瑞、榧林清泉等景观静卧在山间，妙不可言。还有一片落石飞瀑如万马奔腾而过，气势如虹。近年来，村内闲置民居被盘活，民宿产业迅速发展，现有集吃住购游为一体的农家乐十几家，独具特色。

1 | 2

村中的小道和石阶 _1
夏克梁

传统建筑上的木雕 _2
向俊

03.1 古村落
11

华峰村

华峰村与嵊州其他的村落相比具有很大的不同点。它不像一般村落那么聚集，而是较为分散地分布在前往红佛寺的半途中，很多农户都已经搬迁下山，现仅存部分民居建筑。

很多人知道红佛寺却不知道华峰村，实际红佛寺景区就在华峰村，当地百姓都知道山上有个天然的大石屋，石屋前有座寺院，岩壁上书有一个红红的“佛”字。可翻遍历代《嵊县志》，就是找不到“红佛寺”，显然这是个俗称。正名应叫石屋禅寺，是由石屋而演变成寺的。

1 | 3 2 4

华峰村民居 _1
吴冬

华峰村零星的民居建筑 _2

华峰村的石头房和夯土屋 _3
鲁江

村中小景 _2
王玮璐

03.2
01
古街
老街
石璜

地处西白山东麓、长乐江畔，嵊州市石璜镇素以『花木之乡』闻名四方。石璜老街，便是镶嵌在石璜江畔的一颗明珠。老街承载着石璜人的记忆，走在斑驳的石阶上，食品店、粮油店、钟表店、箍桶店的吆喝声依稀就在耳边，它似一位老人，在平淡的生活中慢慢变老，不为尘世俗事所搅，过着依旧属于它自己的生活……老街东北角有一口大塘，面积一亩八分，呈较规则的长方形，当地人称『大塘口』。大塘颇具特色，这是当地极具代表性的一处地标，亦是石璜镇上至今存留，且仍在发挥其功能的公共设施之一，其历史已有480多年。

1 2

生活依旧_1
吴冬

石璜民居_2
张书山

1　3
2　4

主街的背巷，依旧保留着部分民国时期的建筑 _1
摄影 夏克梁

老街的建筑保留的比较完整，只是缺了点人气 _2
摄影 夏克梁

沿街建筑上的牛腿 _3
王玮璐

老街，曾给当地人留下多么美好的回忆 _4
吴冬

WANGWEILUHUAI

WANGWEILUHUAI

03.2
02 古街

甘霖老街

甘霖，甘霖，我轻声念着，多好的名字，滋润大地，泽被后世。

不信你看，百年越剧诞生地、千年剡溪唐诗路、万年文化小黄山，在这片土地诞生、交汇或被发现，这里还走出了以丁仲礼为代表的3位两院院士。

甘霖，这个小小的乡镇，凝结了这么多的精粹，让人惊叹。

岁月流转，甘霖老街依旧保持着原来的样貌，东门到西门不超过 800 米，弯曲的街弄，两边有些已经建起了新房。清晨天刚亮，靠近西门的两边台阶上，早已或蹲或坐或站着从不同村子里赶来的农民们，大家挑的挑，抬的抬，渐渐喧嚣起来的声音意味着，新的一天又开始了。

1 | 2 3 / 4 / 5

甘霖老街昔日繁忙的景象 _1
张书山

老街依旧保持着原来的样貌 _2

老街样貌虽是不变，但是很多房子已人去楼空，大门紧闭 _3

曾经繁华的老街，如今却如此萧条 _4
王瑞

老街传统民居中的院落 _5
夏克梁

03.2 古街

03 富润老街

据《嵊县地名志》记载：『相传，古时有温泉滋润着这里的大地，祖先盼望物阜民丰，乃定名为富润。』而曾经的富润，的确富裕而滋润，是远近山乡农副产品的集散地，曾经是嵊州市西部最重要的商业中心。

2 3
1 4

主街背后的农家小屋 _1
王嘉玲

保留完好的富润老街 _2
摄影 夏克梁

老街的钟表店 _3
摄影 夏克梁

快要坍塌的老街建筑 _4
周锦绣

富润老街是如今保存较完好的老街，是历史的缩影，曾是西乡繁华的商业街，老街的砖木结构建筑仍然凸显出明清建筑风格，被时光渲染的排门凝结着过往的喧嚣和烟火，也彰显了过去的辉煌和蕴藏的文化内涵。

1 2 3

老街的热闹在渐渐淡去 _1
段俊如

老街中仍旧住着部分原住民，
他们过着安逸的日子 _2
摄影 夏克梁

老街民居中摆放的杂物，
很具生活气息 _3
陈丽娇

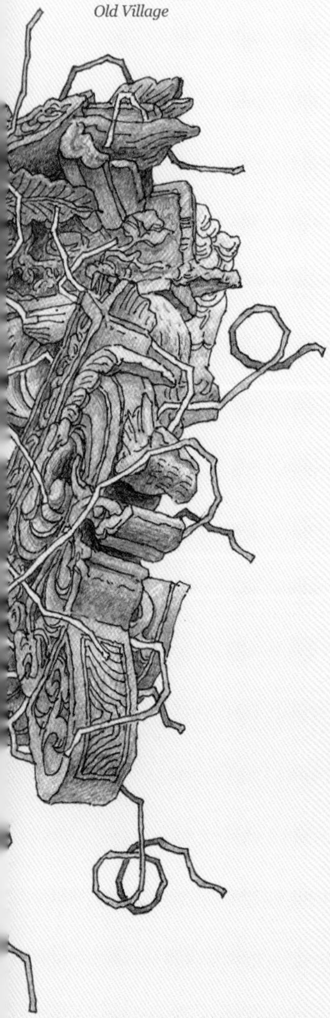

在每个老黄泽人的记忆里，都有一条泛黄的老街，狭窄的街道，斑驳的木门，潺潺的剡水以及乡音声声里的童年。这里有一些穿高跟鞋走不到的路，一些喷着香水闻不到的空气，一些在写字楼里永远遇不见的人。老街是一座城池的全部记忆。

03.2
04 古街
黄泽老街

走进老街，才能洞悉这片土地的全部秘密。古老巷道、百年台门、古朴老街，特别是七一村的这条老街，是『老黄泽』们挥之不去的记忆与情怀，它与镇上的新街相互交汇，一闹一静相映成趣，行走在老街小巷，品味鲜活人文黄泽。同泰台门、乾和台门、上万青台门、下万青台门、吕家厅台门、全台门唯这6个百年老台门古色古香，一一映入眼帘，其建筑风格、人文历史颇为吸睛。

1 | 2 | 3

老屋中的木雕 _1
夏克梁

黄泽老街 _2

画中的老街 _3
周锦绣

1	3
2	

保存完好的水系 _1

老街民居室内一角 _2
周锦绣

老街的宅院 _3
马乐

红旗饭店、同和货铺、锦纶丝厂，街边两侧林立的米店、布店、铁店、油铺等墙画引人注目，老街屋角典雅的红灯笼，小巷里的小吃，黄泽豆腐馒头、春饼、麦馍、风猪头等美食照片，仿佛在诉说小巷的无尽往事。

03.2 古街 | 老街
05 | 长桥

长桥老街，始建于北宋末年。在明清鼎盛时期，街市繁荣，店铺林立。有南货、杂货、布庄、米行、茶食、药店、美食小吃、邮政代办、蜡烛淘等，有老字号源茂南货、泰源杂货、祥兴布庄、丁盛米行，有同和堂、忠德堂、祥和堂药店等，名医坐堂，惠及百姓。更有现代闻名中外的名画家郑午昌先生故居，至今尚在，使人们记住乡愁，仰慕神往。

1 | 2 3 4

老街成了人们挥之不去的记忆 _1
吴冬

空荡的长桥老街 _2

老街中的许多建筑破损严重 _3

老街保存完好的建筑 _3
王端

1 破损的老房子 _1
鲁江

2 怀念街市繁荣、店铺林立的旧时光 _2
鲁江

崇仁古镇
华堂古村
小昆村
楼家古村
石璜老街
富润老街

写生作品

Sketching Works

古村落由于年代久远，曾经的风华渐逝，但是风范依旧；历经沧桑、栉风沐雨的岁月洗礼使得古村落像古树之茶，馥郁异香；也像陈年老酒，醇厚悠远。面对古村落，如同与慈祥长者对话，每一次写生，都是与古村落的长相凝望，我们用心倾听历史的回音。叩问樟树，对话残垣，注目山林，希望这一处处村落，在新时代的机遇面前，重新焕发出曾经的宽厚与繁荣。

玉山公祠一角
叶俊飞

2019 年 8 月 10 日至 19 日，“边走边画第五季——走进嵊州”写生团队成员 26 人，在导师的带领下，走进浙江嵊州市崇仁古镇、华堂古村和小昆村，用画笔记录历史文化名村的处处美丽和感动。为期 9 天的写生创作时间，每一位成员早出晚归，希望时间走得慢一点，再慢一点，把古村落的记忆定格在画纸上多一些，再多一些……

这里展示的是 22 位来自全国各地“边走边画”团队成员的部分作品，他们以爱心感悟越剧之乡的诗情画意，用画笔传递嵊州古镇的博大精深。

一画一世界，一笔一修行

杨博（山东潍坊）

在骄阳似火的八月，强烈的亚热带季风吹拂着我们这群来自全国各地的手绘“大咖”，超强台风“利奇马”伴随我们一路追风赶雨，赶往写生目的地——嵊州。

“边走边画”是高水准、高强度、高规格的写生活动，十天的时间，我们的脚步走遍嵊州的崇仁古镇、华堂古村和小昆村。嵊州人文荟萃、风景如画，一座座老民居、老院落，记载着先辈们的智慧和创造；斑驳陆离的墙壁、仄仄弯曲的小巷、层层叠叠的瓦片、精美绝伦的手工木雕……在历史里沉淀，在岁月里洗礼，汇聚成一幅古朴而厚重的画卷。发掘并保护这些宝贵的古村落文化，是对我们精神家园的留守，是对我们传统文化的延续……

嵊州街巷那些鳞次栉比的手工作坊和嵊州人的传统生活方式，仿佛把我们带回了几十年前那虽然简单却怡然舒适的老街坊，我们如饥似渴，珍惜停留在嵊州的每一分钟，去观察、探究、记录、描绘和思索。我在嵊州的日日夜夜，更是一次难忘的艺术修行之旅，极大地锻炼和提高了我的写生创作能力，开拓了我的艺术视野，也正式开启了我的“边走边画”之旅。我尝试用不同技法和风格表现嵊州古镇的一砖一瓦、一椽一木。每一幅画都记录了我与古村的凝望和对话，也留下了我的感悟和艺术成长的足迹。

来自五湖四海的同学们一路互相鼓励、互相欣赏、互相学习，在这里，我们忘记年龄和身份，畅所欲言地交流和分享学习。

“谈笑有鸿儒，往来无白丁”，与一群志同道合的手绘精英伙伴共同走过一段艺术修炼历程。在这里，我们的思想和观念在碰撞、生发，期间有改变的痛苦，更有成长的幸福，如此，才让我们的写生旅程变得深刻而难忘。

拿起钢笔和速写本，用心和古村对话，对大自然便有了更深的诠释和感悟，每一次写生都是一次长久的凝望和沉思，把情感倾注笔端，挥挥洒洒。
嵊州写生之旅，让“边走边画”成为我生活中的主题乐章：一画一世界，一笔一修行。

Yangbo 2019.9.10

杨博写生

二〇一四年八月十七日杨博
写生于崇仁古镇
百年院落
杨博

情系丹青 遇见·嵊州

吴冬（安徽合肥）

不惑之年，方才闻知“边走边画”，更有幸得遇良（梁）师！

2019 年盛夏，最强台风“利奇马”也吹不熄我心中对绘画的火热追求，驱车不远千里与老师和同学们相聚嵊州崇仁古镇，开启了“边走边画”的行程。

嵊州崇仁，隐匿在喧闹中的古镇。繁华背后那些斑驳的岁月的痕迹，似乎对我们诉说着无尽的故事。你看，在现代的街道里，还保留着铜匠铺、木桶铺等纯手工作坊。这些作坊看似与现代文明格格不入，实则大巧若拙——那些工匠精神，不正是我们应该学习和追求的吗？店铺的檐角都会或多或少地保留着木雕牛腿，图案优美，雕工精致绝伦。你细细地欣赏着她，她就是你追求的美！穿过街道，迂回的石板路指引着你走进一座座古朴精美的古民居、祠堂。不管是气势雄伟的祠堂还是破旧的民居，都有诉说不尽的故事吸引着你。

如果说在行走的途中能够发现更多的美好，放下心头的挂碍，这诚然是一种收获。在这里用手中的画笔描绘着这些美丽的建筑，不会被浮躁和喧嚣蒙蔽心灵和双眼，我们记录下的每一个画面都是一种感动，也算是对行走的时光有一个交代吧。

在嵊州的每一天都是充满激情的，与志同道合的可爱的老师同学们一起学习进步、一起画画，使我忘记人生不如意的十之八九，常记一二开心与快乐的追求！

无论是这次走过的崇仁古镇、华堂古村还是小昆村，到处都是美丽的画卷，边走边画的我们用画笔记录这每一座村庄，每一个美丽动人的故事。这是我们对历史的尊重，对岁月的崇敬，对美的追求！这也是边走边画的精神：用画笔记录并呼吁大家更好地保护古村落古民居，为后人留下更多美好的宝藏！

2017.7.15

相约古镇，纸醉笔酣

张宝妹（福建厦门）

相约

5 月 7 日接到黄老师的电话通知时，已无法压抑心中的雀跃，能够与来自五湖四海的老师们一起背着画板画笔四处写生，感恩能参加本次嵊州崇仁古镇的相约之旅。

古镇

目光所及的崇仁是一座美丽幽静的江南古镇，处处皆如画中景。保留着的古建筑群，虽然历经千年但风貌依旧。古建筑群中不乏宋朝遗风，更有明清特色。庙宇、祠堂、古戏台、民居、牌坊、药铺、店房、桥梁、池塘、水井，此中一应俱全。其中在每家台门室内的窗、侧屋的门、屋檐下的牛腿都可见做工精巧的木雕，雕刻有人物传奇、花卉鸟兽等，让人不禁想驻足多看几眼。至今为止还保存原始的手工竹编、理发、打铁等许多完好的手工艺，我想一定是因为这座古镇所拥有的淳朴民风。

纸醉

清晨迎着朝阳，在古镇庭院写生，或是摆着错落有致水缸，或是有着青苔石阶，傍晚踩着鹅卵石，走古镇宁静的街道，雕梁画栋，檐廊回转，一门一院，一亭一栏，一草一木，将映入眼帘的美景落于纸上，晚上一起谈天说地畅聊画画心得，是何等的心醉于景。

笔酣

从小因为热爱画画便跟着老师一起学习油画，后来慢慢地有了自己的工作室。钢笔画是一直以来的爱好，马克笔虽是第一次接触，但不变的是希望将心中的画经由笔落于纸上。印象深刻的是夏老师画的老戏台，用插画形式描绘不一样的美，每一笔每一划都特别生动有趣，把原生态古村落画出新思想新高度。

相聚

瓦上四季，檐下人生，古镇承载着难以言表的古朴沧桑。虽然只有短短 8 天时间，但却充满正能量，是因为有共同的爱好让我们相聚于崇仁。希望“边走边画”能带动大家一起爱护古村落，保护原生态，用最真诚的心一同纸醉笔酣。

Bao Mei 2019.8.16.

ZhangMei.2019 崇仁古镇.

19.8.12.崇仁

沉浸古镇，意绘嵊州

郭焱（河北石家庄）

身为职业设计师，徒手表现是我的基本功，也是我和甲方沟通方案的重要环节。每次出行必备的三样工具是笔、本、尺。走到哪画到哪，这已成为我设计生活中的一部分。

2019 年 8 月我有幸参加“边走边画”走进嵊州古镇活动。虽然行程遇到第 9 号台风“利奇马”，但是我们还是打了时间差在 10 日安全抵达了嵊州崇仁古镇，顺利开启为期 9 天的古村落探索钢笔写生之旅。

此行，我对崇仁古镇历经 300 多年的建筑风貌充满着美好的期待。崇仁古镇的古建筑保存完整，浙南建筑白墙、灰瓦、石子路，景美人纯朴，已印在脑海里。到达目的地当天晚上，我便放下行囊跟随团队急切地走进了古镇。当走到镇中心后门塘的一处老院落，一位画友轻轻地推开门后，大家先后迈进门的那一刹，都瞬间沉醉于建筑本身及年代感十足的老木头在雨后散发出来的浓厚味道之中。来自五湖四海、拥有不同艺术生涯经历的画友们开启了每天早出晚归，行走在原生态的有温度的卵石石板路上的旅行，五感六觉都被古村落的朴实及自然之美所唤醒，被乡亲们的极度热情所打动。9 天的时间里，我们每一个“边走边画”成员都尽情作画，记录 300 多年前的非遗文化古村落崇仁古镇、华堂古村和小昆村的场景。

爱护古村落，保护原生态，“边走边画”行画古村落，用画笔还原古镇建筑风貌。

在华堂古村的采风中，成员们深深被这里精美的牛腿木雕吸引，大家纷纷停下脚步，从不同角度观摩，用画笔留住记忆中最深的感受。古建建筑中牛腿用材基本是圆木或枋木，因为需要耐久力，其结构功能大于装饰功能。加入“边走边画”，大家互相交流心得、技法，得到了不同程度的长进。

GUO YAN
2014.8.

Line Drawing
Old Village

GUO YAN 2019.8.15

嵊州，幸福的样子

邢红岩（河北石家庄）

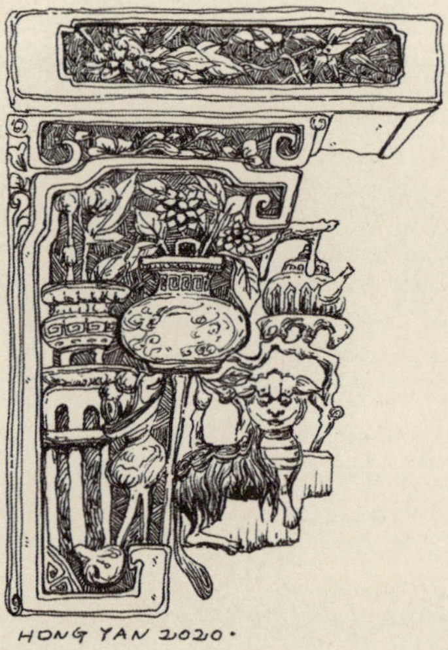

有幸作为边走边画第五季成员来到嵊州，仿佛置身木心《从前慢》的诗境里：满目粉墙黛瓦、雕栏红柱，青苔绿石；满目手工劳作、溪水浣衣、拾柴煮米……街市来来往往的笑脸上写满了喜乐知足，院子里花草摇曳而静谧，傍晚的光温婉地洒进窗里，桌旁满头银发的老夫妻互相夹送着对方爱吃的饭菜。真真切切地应了《从前慢》的好光景：“从前慢 / 车，马，邮件都慢 / 一生只够爱一个人 / 从前的锁也好看 / 你锁了，人家就懂了……”这大概就是幸福的样子吧，生活带给我们最深沉的感动，往往就是这平凡的人间烟火。

蹉跎半生终遇见，我爱绘画，余生不做他事，只专心这一件。画画作为一种劳作，它很客观，也很踏实，投入其中令人感觉平静而温暖，美好而善真。物质是人类的生存根本，精神层面更是。漫长的一生，若没有精神依托，没有情感的支撑，恐怕谁都很难走下去。可心念往往常被琐碎的生活和各种诱惑损毁，所以作为生存工具，信仰显得尤为重要，哲学显得尤为重要，美学艺术作为寄托更为重要。让那些被生活碾碎的情怀在音乐里释放，在绘画里延展，在文学里芬芳……

崇仁镇
HONG YAN 2020 边走边画.
E·155072

嵊州行 行走的速写

王端（广东广州）

逃离繁重的城市生活，来到让人心旷神怡的嵊州古镇。也许这就是心中的诗和远方——旧隅错瓦，静心绘画。

“行画古村落——走进嵊州”对大部分人来说也许是一场暂别工作的旅途。齐聚一堂而静静漫步于这场风景中，每天伴着四五点的清晨雨露，我们二十几位来自不同省份的伙伴因一份热爱与兴致早早地就出去踩点。当然在踩点之前首先得养足精神喽，顺路去一趟烟火味十足的小街也是必要的，尝一尝当地有名的嵊州小吃豆腐年糕、榨面等，也算是体味了一次本土的原汁原味。

这古色古香的历史建筑里，明清时代特色痕迹尤为明显，祠堂、拱桥、墙瓦、斗拱牛腿、庙宇、戏台、花鸟鱼虫雕纹等纷纷映入眼帘，似一朝遇见，又梦回了千秋，看到的是万古的祥和明朗与淳朴的民风现状。有了这片美好画意的角落，我们便开始坐下，拿起画笔静静去记录这场“古镇昨天的故事”。记录的方式除了绘画，我们也会去谈论并互相赞美，以及每天 3 小时的分享，收获颇多，当然还有朝夕相处的伙伴友谊。

短短的 9 天，时间快速地流逝。虽是场暂离，而美好的画面却成了永存的定格。生活因这份兴趣而变得不再孤独，我也因和大家一起绘画而变得斗志昂扬，与快乐常伴。

二〇一九年八月嵊州写、王瑞

昆 山
水電綜合加工

5元理发店

用画笔写故事

王嘉玲（台湾台北）

我虽然出生于乡村，但后来一直在大城市里居住，以往作画的内容也是以商店、城市街景为主，参加了“边走边画”活动，让我疯狂爱上了这样朴实的古建筑。

这次我们分别在崇仁古镇、华堂古村、小昆村等古村落写生，这些地方有非常多的古旧木质结构老房子，里面保留了很多老旧物件、雕刻，每一处都留下了很多不同世代人的生活轨迹，看似老旧的物件，入画之后特别美丽。

崇仁古镇保留了许多栋完整的明清大院，里面留存了很多木雕牛腿，令人赞叹前人的手作工艺真的好美。高墙大户，每一栋都别有洞天，每日最快乐的事，就是游走在古镇里的每一条小巷弄，像寻宝一样，寻找每个看似不起眼但却很特别的角落。石头墙、古房院、旧雕刻、老商店，每一景都让人想要收藏进画本里。穿梭在历史的轨迹里，想着不知道有多少代人生活在这里，留下了记忆。看似杂乱无序，实则处处精彩。心里满满的感动，想用画笔定格，把这一砖一瓦都详详细细记录下来。

小昆村是依山而建的村落，我们背着画具、踏着布满青苔的石阶子，穿梭在一栋栋错落的民居老房子之间，寻找喜欢的地方作画。印象最深刻的是，当我们爬到最高点往下望时，整座山布满了一个个砖红色的屋顶，我想起了在欧洲看到的砖红色屋顶，心中赞叹着，原来中国也有这么美的景致。最美的风景，不需要外找，就存于我们的生活周遭，只需要你慢慢去发掘。

边走边画是非常有意义的活动，我们用画笔发声，重新让古村落、古物件被世人看见，我们画下的不只是线条，更是几代人留存的轨迹和记忆。

守住内心那份宁静，一笔一画绘嵊州

朱秀艳（广西柳州）

说到江南古镇，便会想起名声大噪的乌镇、西塘、南浔……如今的各种古镇，大多都蒙上了浓厚的商业色彩。2019 年的夏天，幸运的我成了“边走边画”第五季成员，跟着小伙伴们开启了这次崇仁之旅，见识了一份难得的幽静和质朴。古旧而未被开发的崇仁，有一种“久在深闺人未识”的静美。

崇仁的夏天，总是天亮得特别早，每天早起穿梭于古镇中，寻找那青瓦白墙。这里的古建筑连片成群，每一处都是原汁原味的世外风情，不知名却远比想象中的真实。这里有庙宇、祠堂、古戏台、民居，还有保存了 100 余座完整的老台门，每一个院子都有古朴精致的植物造景，像是有意设计一般。最吸引我的是这里的雕刻，无论大小宅子，戏台，都有非常精致的雕刻和形态各异的牛腿，惟妙惟肖，栩栩如生，把建筑工艺做到了极致。

真希望时光能过得慢些，把这里的一景一物用画笔记录下来。绘画使我快乐，使我快乐的还有每天和“边走边画”的小伙伴一起过着“日出而作，日落而息”的绘画生活。

感谢遇见！

ZXY 2019.12.18

Zhu Xiu Yan 2020.1.9

ZXY 2019.8.16 嵊州小昆村

2020.1.7
Zhu xiuyan

庭院深深深几许
边走边画有感

郭杨（江西南昌）

在几个月的期盼后，今年夏天，我跟随“边走边画”一起走进了嵊州，我们的第一站是崇仁。崇仁在三国之时就有人们聚居，北宋裘氏家族扎根于此。民国时期，因未遭战争的践踏，各地商贩云集，商贸十分繁华，有“浙东小上海”之称。

今天的崇仁，在我看来也是十分繁华，大集市在早上 6 点前就已经开始了，各色早餐诸如包子、豆腐小笼包、榨面、炒年糕、咸豆浆……热腾腾的早点给人温暖的感觉。穿过古镇外的集市能看到各色摊位和店铺，有各种水果摊、家禽摊、手工作坊、琳琅满目的铜器店等。

即使古镇边就是集市，但每户农家小院，都经过主人的精心打理，他们在院子里种下了自己喜欢的植物，或是漂亮的盆栽或是农作物。许多庭院搭的藤架和各类乡土植物穿插，十分丰富、美丽。

不同于城市里陌生、封闭的社区，崇仁古镇层层叠叠的院落，展现着开放或半开放的社交空间，有历史文化的根基，也体现着乡村朴素的生活和亲近的邻里关系。我们每天穿梭在不同人家的院子中，听着不同台门内的故事。

我们本身不是古镇的居民，却也被古镇的文化感染，这种参与古镇生活的创作，一方面让我们的作品生动化，一方面也为古镇文化和历史遗产保护注入新的激情。

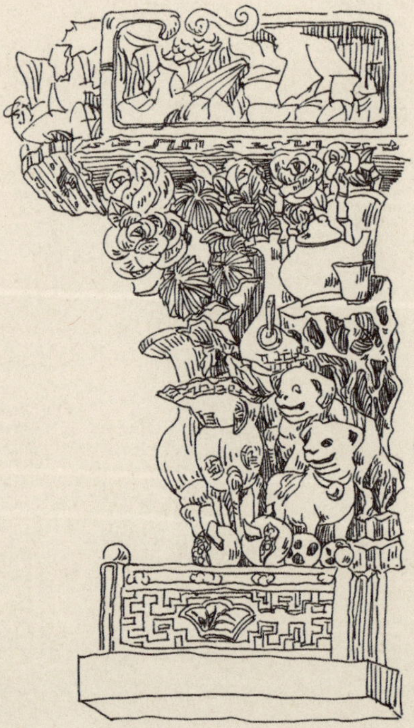

心灵的呼唤

叶骏飞（江苏苏州）

2019 年的盛夏，怀着许久的憧憬和向往，伴随着清澈的虫鸣与鸟叫，头顶着烈日的炙烤和关照，避开了台风的登陆与咆哮，带上画笔，我实现了一场现实生活大逃离。

来到美丽的嵊州，置身于全新的环境，感受古村落的美好和岁月沉积的厚重，实在是可遇不可求的事，不禁让我想要修改冯唐的诗句：此时此刻的云，二十多岁的你。夏朝带工的玉，嵊州画过的景。在科技发展迅速的 21 世纪，摩天大楼鳞次栉比，交通工具及日常用品现代感十足，人工智能几乎覆盖所有行业，我们的生活方式发生着翻天覆地的变化。然而，我们猛然发现，西方工业革命至今不过 200 多年，新中国成立不过 70 周年，仅仅一两代人的交替，这些历史悠久的古村落、这些祖父辈居住生活的常态却再难以找到，这着实让我心生难受。“边走边画”怀着保护古村落的美好愿景，利用我们相对擅长的绘画方式，来记录、呼吁大家关注并保护这些事物，有幸能够参与其中，是非常有意义的。

在“边走边画”的团队中，有优秀且勤奋的老师和同学，深刻诠释了比你优秀的人比你还努力的境界，让自己从散漫的生活中走出，一刻也不敢停下这追赶的脚步。就这样在吃饭、睡觉、画画的节奏中，身体的每一个毛孔都浸透了艺术的细胞，每一天尝试着新的方式。夏老师深夜的讲课对大家来说获益良多，在不断的总结和纠正下，慢慢地，心开始静了；渐渐地，画深入了；陆续地，同学们之间也熟悉了。

这是一场不可言语的旅行，如同“小马过河”一般，唯有亲身经历体验才能了解最真实的感受，感谢“边走边画”所搭建的平台，也由衷地感谢夏老师身体力行的付出：播下希望的种子，传播绘画的艺术。

内心深处的古村落印象

周锦绣（河南郑州）

从小生活在农村，自然对乡间小巷怀有别样的情感。从小就喜欢画画，也梦想着未来可以拿着画笔边走边画，没想到梦想都在实现的路上。毕业几年还在一直坚持着自己的爱好并在从事相关工作，对我而言，将走过的路、看过的风景表达在自己的画纸上是一件非常满足的事情，所以不管有多忙，也都会忙里抽闲去画一些自己想画的东西。也很庆幸 2019 年夏天如愿以偿地跟着“边走边画”的导师和一群小伙伴，走进了嵊州古镇，用画笔去记录那些即将消失的古街道旧院落。

在嵊州写生的几天里，努力争取每天可以多画一些，所以日出而画、日落而归成为每天的习惯。这里民风淳朴，每天都能感受到当地人们的温暖，这是在繁华城市生活中体会不到的。这里人心善良，地方也很美。印象比较深的应该是嵊州的木制建筑和到处可见的“牛腿”了。精湛的木雕艺术各有千秋，而且还保存着原来的风貌，有一些院落虽然已无人居住，但里面一些老旧物件与摆设都记载着当年生活的痕迹，这些都是很好的绘画题材。用画笔定格古村落，留下一代人的记忆，也让自己保持初心。

嵊州古镇留藏着丰富的文化底蕴和精神财富。这里每一幅场景，每一处景色都是一幅最天然的画卷。在嵊州写生的时光里，和大家相互交流学习也使我学到了不少东西，从对嵊州古镇的历史探索到对建筑构造的学习，都使我对古村落更加热爱。我会一直用画笔记录下来，边走边画，记录内心深处的古村落印象。

周锦秀

ZHOU JEN. XIU.
2019.8.14

Line Drawing
Old Village

12.11
2019.

用画笔抒写一院故事一门景致

马乐（北京）

“边走边画”第五季团队走进嵊州，我们朝起暮归，白天写生，夜晚聚在一起互相讨论学习。

走进嵊州，见证了嵊州几百年的沧桑，进行了一场穿越时空的对话。

给我印象最深的，是华堂的一位独居老人。走进她的屋内，目光所及处——半塌的房屋、简陋的桌台、破败的陈设。老奶奶虽处于不富裕的生活状态，但丝毫不影响奶奶的淳朴与热情，一直给我讲述她的平凡岁月。虽然语言有些不通，但是我可以感觉到说起她的家人时，奶奶内心的雀跃。奶奶边聊边给我端茶倒水，还把自己家唯一一个西瓜切给我吃。她像招待远亲一样招待我，奶奶的纯真善良深深打动了我，这段记忆犹如雕刻，令我铭记于心。希望奶奶一定要好好保重身体！

流连于嵊州的每一角，每一处，阳光从小巷、屋宇的瓦当倾斜下来，细细品读院内院外、门内门外、窗内窗外的那些精致华美的砖瓦、木缘。满眼尽是古朴的青石板、通透的窗棂、乡村的小路……我忽然感觉，这座古老的村落，一院有一院的故事，一门有一门的景致，虽是断壁残垣，光华不再，但斑驳陆离处多藏意蕴。

在这纯朴自然的山间，我们一路地寻觅，竟有如此自在逍遥的故园。作为一个匆匆的背包客，短暂的行走还不能够完全读懂这百年古村承载的文明积淀。但我想我的收获还是很多，既聆听了历史，又感知了当前。我更想用我的双手去把它一点一点地描绘出来。

我走了，古老的崇仁。待我心静如水，恬淡从容之时，我还会再来。

明清时期建筑群
嵊州崇仁古镇
马乐
2019.10.10

异乡·忆乡

刘小川（四川宜宾）

我生在农村长在农村，刚进城市的我对钢筋混凝土堆砌出来的空间没有太多感情，除了人来人往和灯红酒绿之外，再也听不见乡间小道上的蛙声水声混成一片的交响曲了。这次虽没回到四川老家，却在嵊州这片土地上，同样感受到了国家的变化，社会的变化，时代的变化。边走边画带给我太多的惊喜，太多的想象和太多的不舍！

这里的房子建造格局很有特色，白墙青瓦、小道台阶、门楼院落是组成建筑群最基本的单元，把它比作迷宫般的空间也毫不夸张！

最让我惊喜不断的还属建筑上的雕刻。在落瓜垂柱上，枋上的雕刻表达出来的信仰与情感融合得恰到好处。照片是以二维的方式呈现的，但在二维的平面里是不能直接感受三维的雕刻工艺的，手中拿着笔和画纸也很难下手记录。

美学里简单的黑白灰关系，天际线，体量韵律在这里的建筑建造艺术中也体现得淋漓尽致！从无人机的视角向下看建筑群，一片青瓦蒙上了一层炊烟的黑，在方正小道两侧形成小院落组成三大的建筑群，这样的阵列组合在一起是富有弹性的肌理，统一中有变化，让人感叹古人的智慧与自然环境结合的巧妙。

走在建筑群中间，柱、窗、梁、拱上雕刻的精美壁画和浮雕装饰体现出了当时的生活氛围！

也正是这些惊喜让第五季“边走边画”的老师同学们找到了自己喜欢的场景，用画笔记录，用心描绘，日出而画、日落而归。大家都珍惜着这些短暂的时光，希冀不留遗憾，不虚此行！此次活动让我更加不忘初心，心中对小时候农村生活的向往之情更加坚定！从哪里来到哪里去的答案，也逐渐清晰起来……

深街幽巷，乡思嵊州

段俊如（山西太原）

随着超强台风“利奇马”，与一群爱好相同的小伙伴齐聚位于嵊州之西的崇仁古镇。这是一座美丽幽静的江南古镇，我们仿佛逃离了城市的喧嚣，进入到另外一个世界。

在写生的这几天里，我们先后走访了浙江嵊州的崇仁古镇、华堂古村、小昆村、葛村、石璜老街等地，除了长长见识、磨磨画技之外，最重要的就是要感受传统古村落的魅力。崇仁古镇至今仍保留着庞大的古建筑群，虽历经千年但风貌依旧。

不得不说，大概是幸运女神一直眷顾着我们，刚到崇仁的第二天就雨过天晴了。雨后的崇仁，镇中心的老树下，居民们三三两两地聚在一起听人唱戏，据说这里是越剧的发源地。当地居民生活得安逸，街巷墙上斑驳的青苔、地上边缘被磨得光滑的青石板，农家妇人在溪水旁一边聊天一边洗衣服，颇有一种烟雨江南、小桥流水人家的感觉，各种年代的痕迹仿佛也在低诉着千年来这里的变化。

但随着社会的发展和进步，有些保护不到的老物件、古建筑等逐渐消逝在了历史的长河里，我们虽然心痛却也无法阻止这种更迭，但是我想，我们可以通过自己的方式，用画笔将他们都留在纸上，这也是“边走边画”的魅力所在。

在这 9 天里，我们每一天背着画袋，沐浴着清晨崭新的阳光出发，迎着夕阳归来。这里的一草一木，老乡的纯朴、善良、厚道、热情好客，都让我仿佛感觉置身于宁静祥和的世外桃源。印象最深的是在葛村写生的那天，临近中午，隔壁的大姐看到我们几个人在小道上坐着画画，亲切地招呼我们来家里吃饭，我们婉拒后，大姐端出一小盆刚煮好的玉米出来，我们一人一根，玉米好甜，甜进了心里，这种感觉是喧嚣拥挤的城市不曾给予的。

自从毕业之后，我就很少有机会再拿起画笔，这次写生活动，不仅让我寻找到了自己的初心，更有意义的是我们用自己的方式留住并且保护着这些古村落。

段俊如.2019.10

嵊州
段俊如.2019.10.

嵊州之旅与古城和艺术的不期而遇

倪伊甸（浙江温州）

距我去嵊州的时光已数月有余。

有人说，“回忆里留下的只有美好而幸福的东西”。那么我此刻所记所想的是对本次活动最深刻的回忆，也是回忆里所荡漾的美好与幸福的点滴。

“期待的幸福”：原定首日抵达嵊州，因台风“利奇马”故而延期至次日下午。入住酒店后，我又有些许身体不适，索性卧床幻想着此次前来的各路神仙展露何等风采。心中千种万种悸动，奈何心有余而力不足，养精蓄锐待室友千里迢迢从海峡对岸大战台风三百回合风尘仆仆而来。期待，是一种幸福。

“吃撑的幸福”：夏克梁教授每晚会准时向我们“投食”——分享钢笔绘画语言、大师作品、构图基本原理、体块塑造方式和关系的表现、写生方法等等，满满当当皆是干货。众人如狼似虎地吞咽着，仿佛是饥肠辘辘的旅人忽地寻见了美食的踪迹，载渴载饥而津津有味。我感叹道：写生未必枯燥，相较临摹来得更生动；画画并非任务，而更倾向于减压娱乐。边走边画，笔下记录的是生活中的千姿百态；创作不只青睐于高高在上的艺术家，每一个人都有独立创作的自由意志。心向往美，万物皆可成画。

“简单的幸福”：在崇仁古镇的清晨，我是伴着扑鼻而来的豆腐包子的香气醒来的。倒腾收拾了一会儿，背起画板走街串巷。择了一条狭窄而古朴的小巷子，坐了下来。高高的墙体可以遮挡台风过后的烈日炎炎，适宜写生。我坐的地方铺了一路鹅卵石，偶有鸡犬相闻，又见蚂蚁觅食，衬得古镇动中有静，静而生动。暑气渐升，屋主人老奶奶笑语盈盈地递上半个西瓜，更引得夏日一阵清凉。这里的老人家面善心善，质朴无华，仿佛被岁月赋予了捉摸不透的智慧与美。经久不衰，像极了崇仁古镇。

诗意崇仁，边走边画

田甜（辽宁沈阳）

“少无适俗韵，性本爱丘山。误落尘网中，一去二十年。”蜷居城市日久，总向往着去乡下走走看看，尤其是江南水乡，空气潮潮润润，草木凋零得慢，总能令人在目不暇接的美景中窥见人世的美好，激发无限的灵感。庆幸的是，这一愿望在加入第五季“边走边画”团队后得以实现。江浙地区，自古便是人间灵胜之地，才子大师辈出不穷，无数为此地所作的美妙诗歌发人幽思。当我走进嵊州，瞧见这里的一草一木，山山水水，觑见这里的白墙青瓦，翠竹修篁，平素里所读诗歌的意象竟与此地的真实风景合而为一，让我恍若游于画中。所行同伴，俱是妙人，同出同归，同作同行，高谈阔论，浅笑低吟。9 天来，没有车水马龙的吵嚷，甚至在放空了自己的身心后，连熬夜的习惯都倏忽间无影无踪。除用双眼将这一切美景摄入心底之外，我也开始用画笔将这墟里村落浅山碧水红花白墙纸伞美人一一收摄于笔端。

村子里有一径窄窄的石板路，通往悠长又静谧的小巷。虽未逢见丁香似的姑娘，却嗅到了不知谁家院子里的幽香。这座村落，并非总是如此平静。太静也不好，久住会觉凝滞，动静相宜方称胜地。每个朝升暮落的罅隙里，扑面而来的烟火气，更为这座村落增添了鲜活灵动的气息。清晨叫卖的摊贩，三三两两从理发屋出来的形形色色的人们，自家门前经营的手艺铺面，街头并不鲜见的酒肆茶馆，浆洗衣物的老妪，追逐嬉闹的儿童，纳凉的白发老人，将这幅人生百态图描绘得淋漓尽致。

我们每天穿梭的崇仁古镇保留了庞大的古建筑群，庙宇、祠堂、古戏台、民居、牌坊等比比皆是，经过时间的摧折，很多老房屋都失去了原有的光鲜，变得脆弱不堪。但它们仍以老迈的身躯，向我们展示着古建筑的魅力。旧时王谢之堂，今日百姓之房，见它曾宴宾客，见它曾起笙歌，斑驳的漆皮，开裂的桁梁，颇有种残败的美感。写生中每每遇到杂草丛生荒败倾圮的院子，欣喜有题材可画可写之余，总在思考在现代技术条件下，如何更好地保护这些古建筑，这是个尖锐又复杂的问题。夏老师之所以带着我们深入这样的村落，也是希望能为这样的古村落做一些什么，能够使它们不失去独有特色又能引发大家的保护观念。但愿古迹长存，但愿村落长存。

一副画面的开始与继续没有终点

鲁江（吉林长春）

“我是追着风过来的”，“哈！那就称呼你追风姐好了”，“原来这就是江南小镇的场景，烟火味十足啊”，“这里的景色很入画，角度不错就选这块啦”，“你得注意疏密，这块画平喽”，“喂发什么呆啊，还傻笑！”，“哦我想起一些有趣的事情！”

回过神，才发现原来十天的绘画之旅已经结束，时光总那么匆忙，然而结束的只是那一刻，想念确还在继续，我总在拿起画笔的瞬间记起昨天的故事。那阵愈发火热的友谊情，在谈笑声中诉说着自己所经历的往事；那阵志趣相投的绘画风，在交流声中互相夸赞与指教各自的美好与不足；那阵一刻不停甚至越来越烈的蝉鸣天，在心与画的讲述声中仿佛变得安静了许多。

说完后正准备下笔，突然又很想去记录我们的古镇崇仁，也许是太贪恋，而这份记忆似乎成了一件奢侈品，好吧，那就接着画吧。虽走过短短的一周时间，但可以画出无数张亘古不变的场景，这已确确实实成为定格。早起的清晨雨露是首份好心情的开始，青苔石板总带给我们记忆犹新的踏步体验，这正是一段好友之间最有趣的路。再是 90 度的转角是我们最为期待的，仿佛会遇到“爱”，大家都捧着一颗好奇的心情，真希望能够眼前一亮。果然那片鳞次栉比的小街，明清时期独有的建筑，祠堂、古桥、木雕，都历历在目，以及那圈小幸福的村落场景，不正是我们想要去描绘的角落吗！最后剩下的几步，我们没有继续走，而是静静的绘画和思考讨论，这是一份抱着对兴趣忠诚的心情，去纪念这片古镇斑驳的纹痕历史。那么留驻的这三份心情应该是我们最想去表达的。

好吧，坚持继续……

探寻千年古镇崇仁之美

王玮璐（湖南长沙）

跟着“边走边画”团队来到崇仁古镇，在我眼里她像一个明清时期娴静、秀丽的村姑。面对抬头可见的高耸檐角，踏上有点硌脚的卵石路，走进独立成户的老台门，就是踏进陈旧的沧桑，步入泛黄的卷帙。崇仁古镇民居、宗祠等建筑连片成群保存相对完整，原汁原味地保留了当年的风貌，建筑装饰精工细作，结构考究，石雕、砖雕、木雕的花鸟虫鱼、人物山水、传奇故事、神话仙迹等，手法细腻感人，让人赏心悦目。光牛腿构件我就足足拍了近百张图片，都是入画的好素材。

崇仁古镇打动我们的不仅有它古旧破落的老建筑，还有当地人原生态的生活方式，它不像其他部分古镇一样有过多的商业化气息。嵊州小笼包、豆腐包、溪滩榨面、陈氏炖鸭等回味无穷的街边特色小吃，每一样都是一道美味的佳肴，光想想就让人垂涎欲滴。它们同样也是有趣手账的好元素，让我们又感受到了古镇那充满活力的一面。

短短的 2 天一晃而过，在崇仁的每一天都充满激情。画画的同时又收获了一群好朋友。选择去探寻未知，体验新鲜，开阔眼界，丰富知识，然后继续回归生活。为生活进行更好的点缀，但又不给当前带来太大的压力。这大概就是我想要的生活吧。

我们一直在路上

唐靖（浙江杭州）

早在七八年前因为喜爱画画去过一趟凤凰，在当地有意地去寻访过一个偏远的古村落，当时便心生念想：要是有机会能把中国的所有古村落走画个遍，那我一定不惜一切也要去。生活有时候真的很奇妙，谁曾料想这一念想便是在自己心中种下的一颗种子，2 年后很幸运也可以说是很有缘地参加到“边走边画”团队的英谈古寨之行。英谈的石屋小院仿佛就在昨天的记忆里，倏忽 5 年，恍而回神，今日已在布满故事痕迹的精美木雕廊柱下。

“边走边画”每一年都会汇聚着一群纯粹而可爱的人，在这里他们没有年龄与职业的隔阂，唯有惊喜与感动。初到嵊州的第一晚，我与书山往周边寻些可口之物，当新成员得知便攥着自己的画儿冲到我们桌前讨寻经验，无眠无休。白天，所有的成员像是一群寻宝使者，哪管烈日当头，架起画具便一头扎进了村落的庭院、弄堂与小巷。几天时间下来，当大家将所有作品集中一字排开，那种扑面而来的收获气息与感触每个人都深有体会。忙里偷闲给大家做信息采集，各种发自内心的话一展而开，那种真实几次都让我触心地感动。

光阴易逝，岂容我待。“边走边画”每一期每一批每一个人都没有停下脚步，因为美丽的古村落就在前方，美丽的画面就在你的笔下，美丽的身影都在“边走边画”。

百年古镇画说今天

曹红斐（内蒙古呼和浩特）

2019 年的夏天我再次参加了“边走边画”，跟随大家来到绍兴的嵊州古镇，与那些旅游气息浓重的古镇相比，绍兴仿佛是一个被游客遗忘的地方。它的旅游热度远远低于同属浙江的乌镇、西塘。但是，若要论起历史悠久、文化底蕴，绍兴古镇绝对会带给你不一样的震撼体验。这里有2500年的建城史，出过众多名人，王羲之、贺知章、徐文昌、鲁迅……个个都是历史上响当当的名字，在绍兴我体验到真正的水乡民居。

这里没有商业化的气息，有的只是当地人最真实的生活。坐在台门前，边画画边和老人家聊聊台门里的故事，感叹眼前这一切的生动与厚实。造型各异的台门、历经沧桑的古桥，他们不是刻意被人做旧，而是真正经历了百年风霜雨雪。

初到这里总是听到或看到“台门”这个名字，后来才了解到，比较像样一点的房子都会以“台门”称呼。在嵊州的老街上，走上三五步就可以遇到一个台门，走进台门还是能感受到这老建筑当年的华丽。置身于古镇中，看着历史带给这里的点点滴滴，听老人家们说每一个房子的故事。面对面的描绘 ，才知道有些景色永远令人遗憾。明白生命其实何其渺小 ，那些被时间沉淀下来的物什正因此显得何其美丽。

9 天的短暂相遇稍纵即逝，每一天在古镇中的探索都会有新的发现。心中很是不舍。置身于千年古镇，画今天的故事，仿佛又回到了学生时代。

2018.8.12. CHF

2019.8.2.

随绘画步伐走入世俗烟火的精美古镇

张书山（安徽 合肥）

又一次跟随“边走边画”的步伐，来到了人才辈出的绍兴，追着台风的尾巴，终于在第二天的下午来到崇仁与大部队会合。作为老学员，感觉身上的责任更重一些，希望可以跟大家打成一片，也希望能为每一位边走边画的学员在画技上的进步尽点微薄之力。

这次边走边画并未隔世甚至有着更多烟火气息，但正因如此，建筑群更集中，雕刻精美的牛腿，氛围浓厚的祠堂，展现昔日繁华的古戏台等让我们犹如走在古建名艺博物馆一般，大饱了眼福。再说说边走边画的大家，每天早早地起，认真地画，到了晚上积极地将各自的作品加以展现并由夏老师一一点评，每天奋斗的精神让人想偷个懒都有些不好意思。正因为大家的刻苦与积极，最终都是满满的收获。当然一次短暂的学习改变不了大家什么，但未来大家沟通交流的发酵才是让我们每一位满满获益的。“边走边画”这个团队未来还会接着走下去，为古建筑的留存贡献力量，为大家的沟通交流牵桥搭线，细水长流，期待来年“边走边画”再见。

書山·红佛寺景区华峰村·二〇一九年十二月八日

ZHANGSHUSHAN

从时光中走来

陈丽娇（浙江杭州）

2019 年 8 月，我有幸再一次加入“边走边画”的队伍，与一批热爱美术、热爱自然的队员们一起，从喧嚣的尘世踏入崇仁古镇这片安宁的净土，希望用手中的画笔，描绘出不一样的古村落之美。

崇仁，一座美丽幽静的江南古镇，虽历经千年，仍风貌依旧。古建筑连片成群，具有宋朝遗风、明清特色。建筑群内庙宇、祠堂、古戏台、民居、牌坊、药铺、店房、桥梁、池塘、水井一应俱全。其建筑工艺精美、规模宏大、用材考究，代表清中后期地方民居建筑设计和施工的高超工艺水平，在建筑历史及传统民居建筑等领域有较高的研究价值。尤其是其建筑装饰精工细作，石雕、砖雕、木雕、灰塑、题刻、书法、彩绘技艺熟练，工艺水平高超，具有较高的艺术价值和观赏价值。

远观崇仁古镇，白墙黑瓦，错落有致，古风弥漫。进入其中，青石巷道蜿蜒曲折，亭台楼阁幽雅脱俗。还有波光荡漾的池塘，以及民居中的雕梁画栋，门楣、屋檐、雨檐、门柱、窗棂、柱础、枋头、天花板等都有精美的雕刻或彩绘装饰，图案丰富，纹路细晰，人物楼台，栩栩如生……这正是我期盼中的画境。

踏着青石板的街面，穿行于幽深的小巷间，我如同从时光中走来，跨越千年的漫长时光，感受着这里的市井民风、富贵安康与宁静悠闲。携一杆画笔，不争不抢，不炫不艳，带一份冥思，搜索黑白素雅之美。

“边走边画”第五季成员

夏克梁 | 杨博 | 吴冬 | 张宝妹 | 郭焱

邢红岩 | 钟小春 | 王端 | 王嘉玲 | 朱秀艳 | 郭杨

叶骏飞 | 周锦绣 | 马乐 | 刘小川 | 段俊如

倪伊甸 | 田甜 | 鲁江 | 王玮璐 | 唐靖

曹红斐 | 陈丽娇等

华堂新祠堂的牛腿
唐靖

更多成员手绘内容
请关注“边走边画”公众号

扫码观看“边走边画”
第五季——走进嵊州

边走边画走进嵊州活动虽然早已过去，
但我们对绘画的热情有增无减。
对古村落的关注已成为一种习惯，
对古村落的宣传和保护更是一种责任和担当。

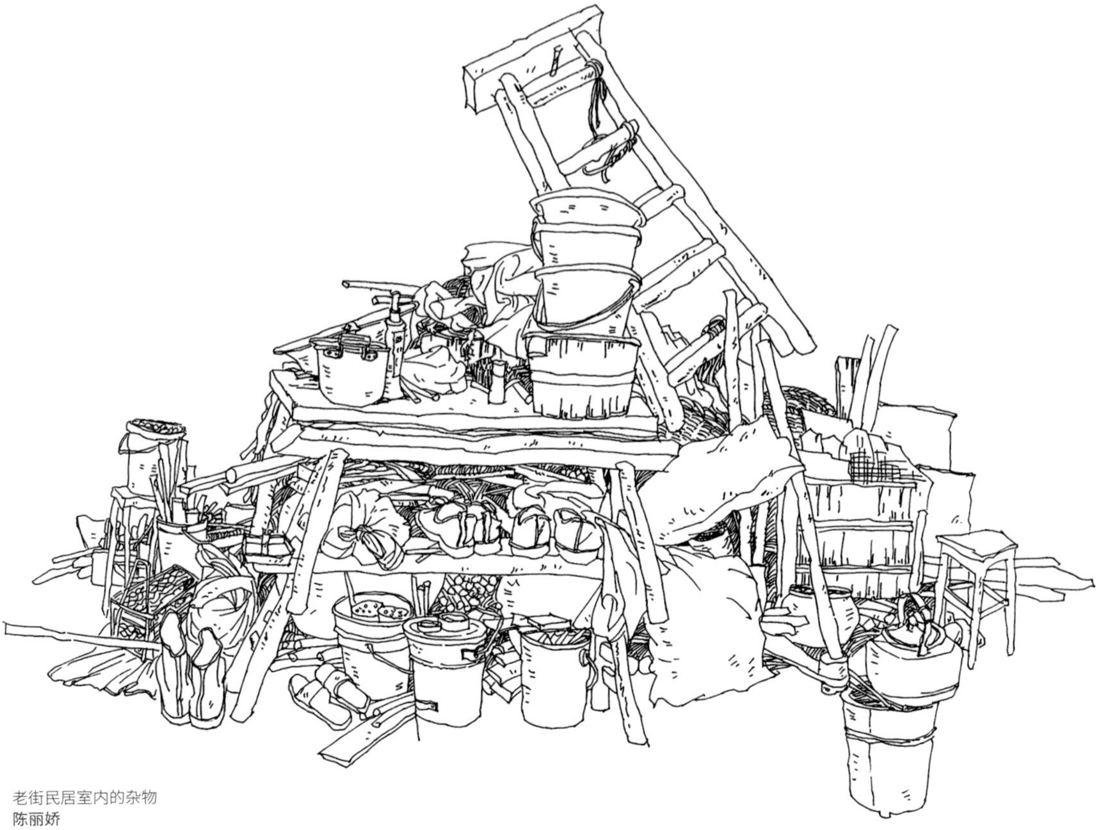

老街民居室内的杂物
陈丽娇

嵊州除了有那些遗存至今的民居建筑之外，
还有世代传承、沿袭着的文化习俗和生活技艺，
珍贵的本土多元文化资源，
是宝贵的非物质文化遗产。
嵊州的许多非物质文化遗产都有悠久的历史，在当地广为流传，
并在全国具有一定的影响力。
如此丰富的文化遗产不只是属于嵊州人民，
更是全人类共同的财富。

古镇古村
与非物质
文化遗产

04

| 1 | 2 |

非物质文化跟古民居是分不开的 _1
摄影 杨搏

窗臼 _2
夏克梁

非遗文化资源是嵊州的城市新名片。早在秦汉时期就已建县称“剡”，至今已有 2100 多年，唐初曾设嵊州，北宋始名嵊县，1995 年撤县设嵊州市。由于历史悠久，文化积淀较深，文化遗产很多，有“万年文化小黄山、千年剡溪唐诗路、百年越剧诞生地”之称。嵊州还是越乡文化的杰出代表，是全国第二大戏曲——越剧的发源地，越剧生态保护区已被列为省非物质文化遗产生态保护区，创造了泥塑、竹编、根艺、木雕、剡藤纸等一大批特色民间工艺。

04.1 非遗概况

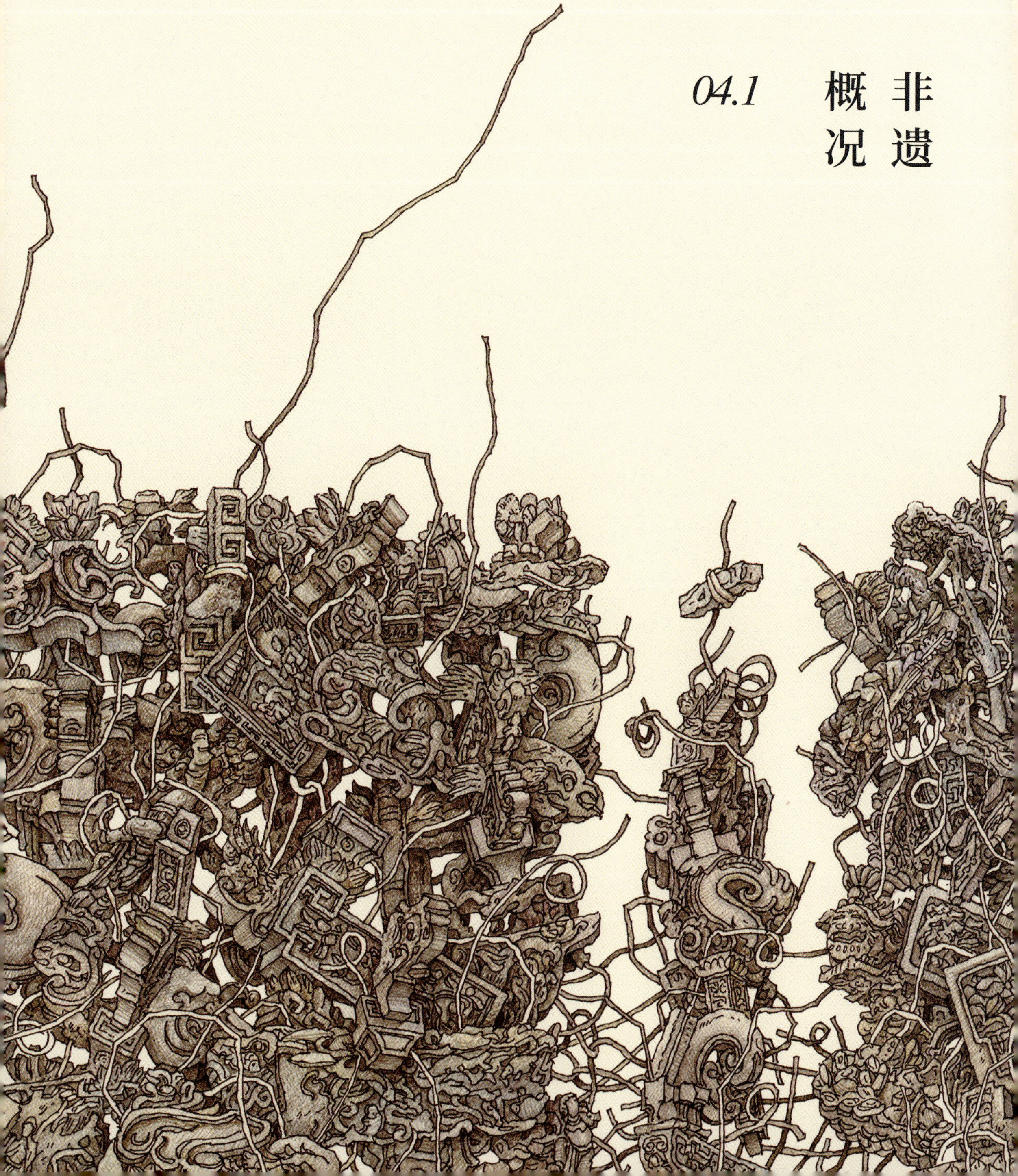

截至目前，嵊州已拥有国家级非遗项目 4 个，省级项目 10 个，绍兴市级项目 35 个，嵊州市级项目 46 个，同时拥有 1 位国家级传承人，15 位省级传承人，48 位绍兴市级代表性传承人，49 位绍兴市级代表性传承人。

1 | 2 / 3

嵊州传统木雕 _1
夏克梁

嵊州城隍庙的建筑细节 _2
摄影 夏克梁

嵊州石雕 _3
摄影 夏克梁

| 1 | 3 |
| 2 | |

木雕是嵊州极具代表性的民间工艺之一 _1
向俊

坚守的民间匠人 _2
郭炎

街角 _3
陈丽娇

出售
蒸笼
福
定做蒸笼
找保姆去
杭州带小孩
40-60岁
月工资5000元

嵊州竹编始于战国时期，勤劳聪慧的先民利用竹子劈篾，编制简易的竹制品。后来，出现了“方纹”“米字纹”等编织花样。嵊州竹编以编织精巧、工艺繁杂、花色丰富见长。其编织方法粗细并用：细者，能在一寸之内编进 150 根竹丝，精巧细腻，薄如羽翼；粗者，则巧插妙编，粗犷豪放。竹编艺人们首创了竹编模拟动物、竹丝篾片漂白、篾片烫印花筋和蓝胎漆器等四大工艺产品，并形成了嵊州竹编独特的风格。

04.2 传统技艺

04.2.1 嵊州竹编

嵊州竹编在 20 世纪 80 年代创造了历史性的辉煌，编制发展到 12 个大类、7000 余个花色品种，畅销到 80 多个国家和地区，赢得了『东方珍宝』『世上精品』的赞誉。2006 年，被列为国家级非物质文化遗产名录。

1 2 | 3 4 5

骆驼（作者不详）_1
向俊

母鸡与小鸡（作者不详）_2
向俊

双龙戏珠（作者不详）_3

宫廷御膳篮（吕成作品）_4

唐马（吕成作品）_5

04.2.2
嵊州根雕

嵊州根雕起源于明清时期。木雕艺人发挥专长，对枯根沉木进行雕刻，展示才华，变废为宝，化腐朽为神奇，可谓『七分自然三分雕，神形兼备胜天巧』。20 世纪 80 年代，嵊州根雕真正走上了快速发展之路，形成了三大工艺特色：天人合为一，雕刻艺术精；创作题材广，作品种类多；题材开掘深，艺术品位高。

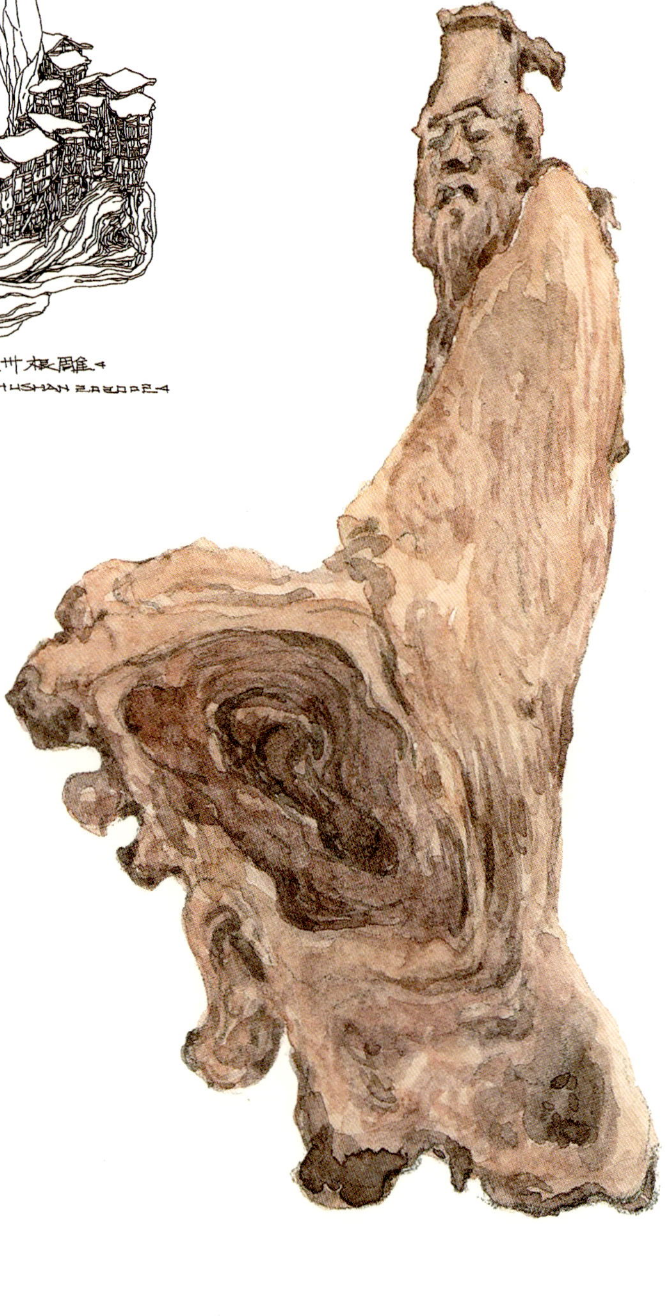

在根雕作品的创作过程中，首先是创意和灵感，注重于品味和境界；然后巧妙地运用传统木雕中凿、钻、雕刀、锯、锉等各种工具施以雕刻；最后用各种型号的砂纸、硝基漆、蜡等进行深加工。在整个根雕过程中具体可分为选材、立意、打坯、修坯、外表处理、配制底座等六大工序。目前，嵊州根雕已形成了老中青结合的创作群体，在海内外市场上打出了品牌，并涌现了一批荣获国家级大奖的作品。

1 2 | 3 4

根雕（作者不详）_1
张书山

最忆西子（周扬作品）_2
向俊

生生不息（郑兴国作品）_3

陆羽品茶（郑兴国作品）_4

04.2.3
嵊州泥塑

嵊州泥塑又称泥彩塑，属中国民间传统雕塑工艺品。其起源可追溯到清代早期祠堂庙宇中的观音佛、四大金刚等彩塑。20 世纪 70 年代末，在嵊籍柳家奎、柳成荫等泥塑大师的影响下，嵊县泥塑厂成立。此后，嵊州泥塑在传承中积极发展，在发展中大胆创新，逐渐形成了自己的风格和特色，以造型丰满、浑厚、简练、夸张为基调，运用的拉长变形手法，吸取了国画大写意的着色手法，给人以强烈的视觉冲击力。目前，嵊州拥有一大批玲珑精巧、优美耐看、内涵深广、独树一帜的泥塑精品，嵊州泥塑以自己独具的艺术特色与天津泥塑、无锡惠山泥塑形成三足鼎立的局面。

2007 年，嵊州泥塑被列入浙江省非物质文化遗产名录。

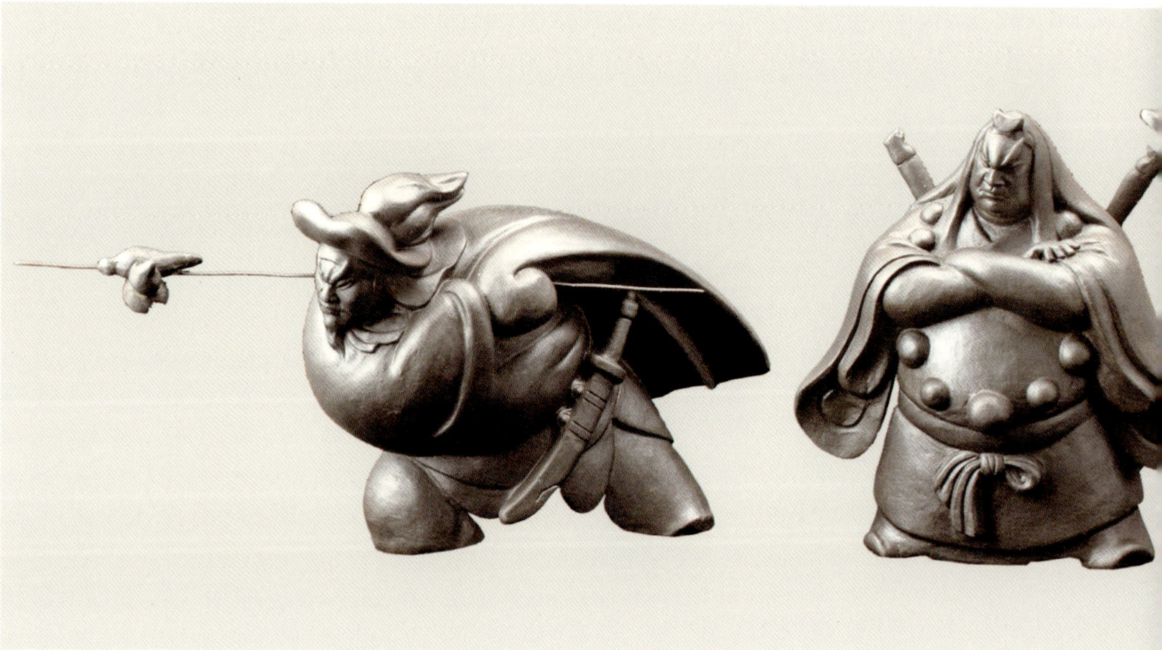

1 2 | 4
3

丰收（蔡国平作品）_1
向俊

爷爷给子孙钱（蔡国平作品）_2
向俊

林冲、武松、鲁智深、李逵（张立人作品）_3

嵊州泥塑 _4
王玮璐

04.2.4
黄泽戏剧服装

黄泽戏剧服装制作技艺与当地的『目连戏』有着深厚的历史渊源。在 20 世纪 30 年代，黄泽镇前良村的目连戏班颇有名声，为满足目连戏班的服装需求，镇上有『田舍旺』戏剧服装作坊兼商店，戏服产品销往沪杭等地，深受各戏班的青睐。『文革』时，『田舍旺』作坊停业，技工流散。自『古装戏』复兴后，黄泽镇渔溪村李伯汀、李梅庆看准传统手工技艺（戏服）的市场，邀了原戏服、盔头技工在渔溪村办起了村戏剧服装厂。当时正逢嵊州民营剧团蓬勃兴起，全国农村戏剧演出市场活跃，戏剧服装产品畅销全国各地，受到各剧种的欢迎。目前，以李能昌为龙头的渔溪村传统戏剧服装制作（包括整台古装戏的衣、帽、靴等『行头』）在传承中不断发展，已有 10 多家企业和加工点，渔溪村已发展成为传统戏剧服装专业村，产品销往上海、杭州、武汉、温州、香港等地。

| 1 | 3 5 |
| 2 | 4 6 |

传统的盔头技艺 _1
向俊

戏曲头盔 _2
向俊

传统手工艺人正在制作戏曲官帽 _3

戏曲服装 _4

小旦戏服 _5
向俊

小生戏服 _6
向俊

04.2.5
嵊州木鱼

嵊州市佛教文化源远流长，无论在寺庙，还是在民间，木鱼十分普及，制作工艺也由来已久。博缘木鱼是目前世界上最大的佛具用品品牌之一，所生产的木鱼不仅传承了传统的工艺制作技法，更是科学地加入了许多文化元素，使木鱼不仅内涵丰富，形态大小也千变万化，用途也从以前单纯的佛教用品发展到现在的旅游商品。木鱼制作是一种独特的技艺，更是一种文化。从木头无言，经打磨成形，精雕细刻，空纳万境到木鱼传音、告诫人生等10多道工序，可谓木鱼制作如人生历练，让人感悟，让人醒世，让人警示。有关木鱼的民间传说也很多，其精神和主题都是传递着人间的真爱、向善和美丽。

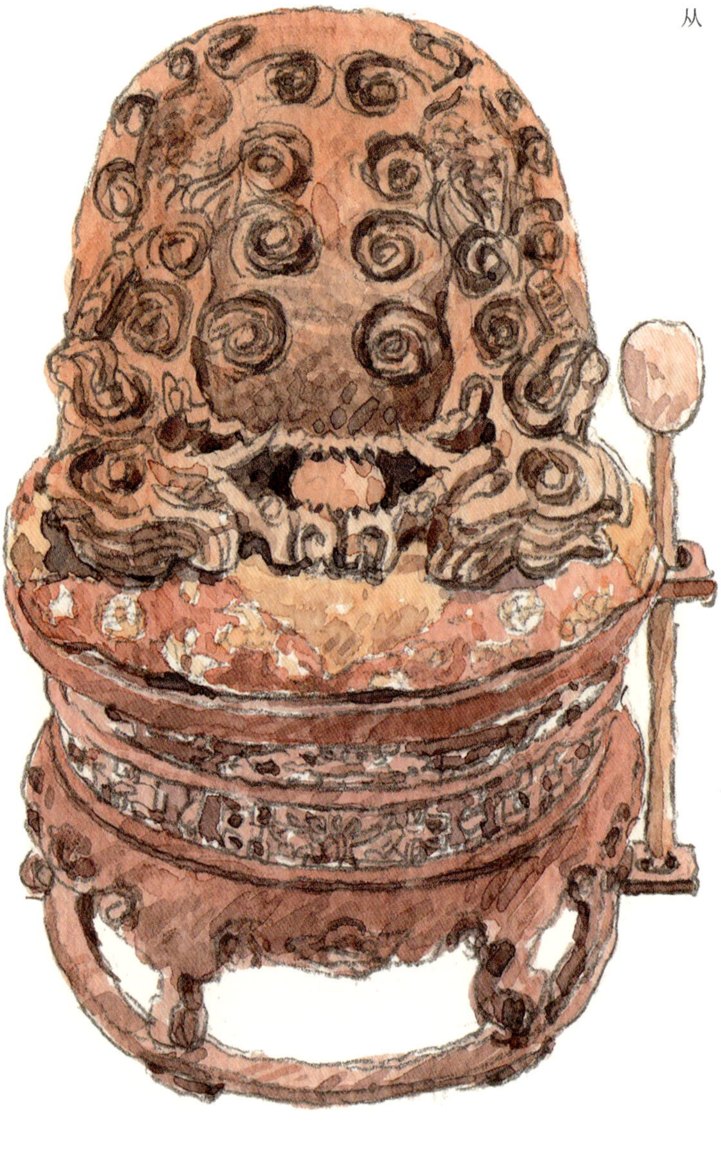

博缘木鱼 _1
向俊

制作中的木鱼 _2

木鱼的制作不仅是一种技艺，
更是一种文化 _3

木鱼的不同角度，具有不同的
特点和美感 _4
张书山

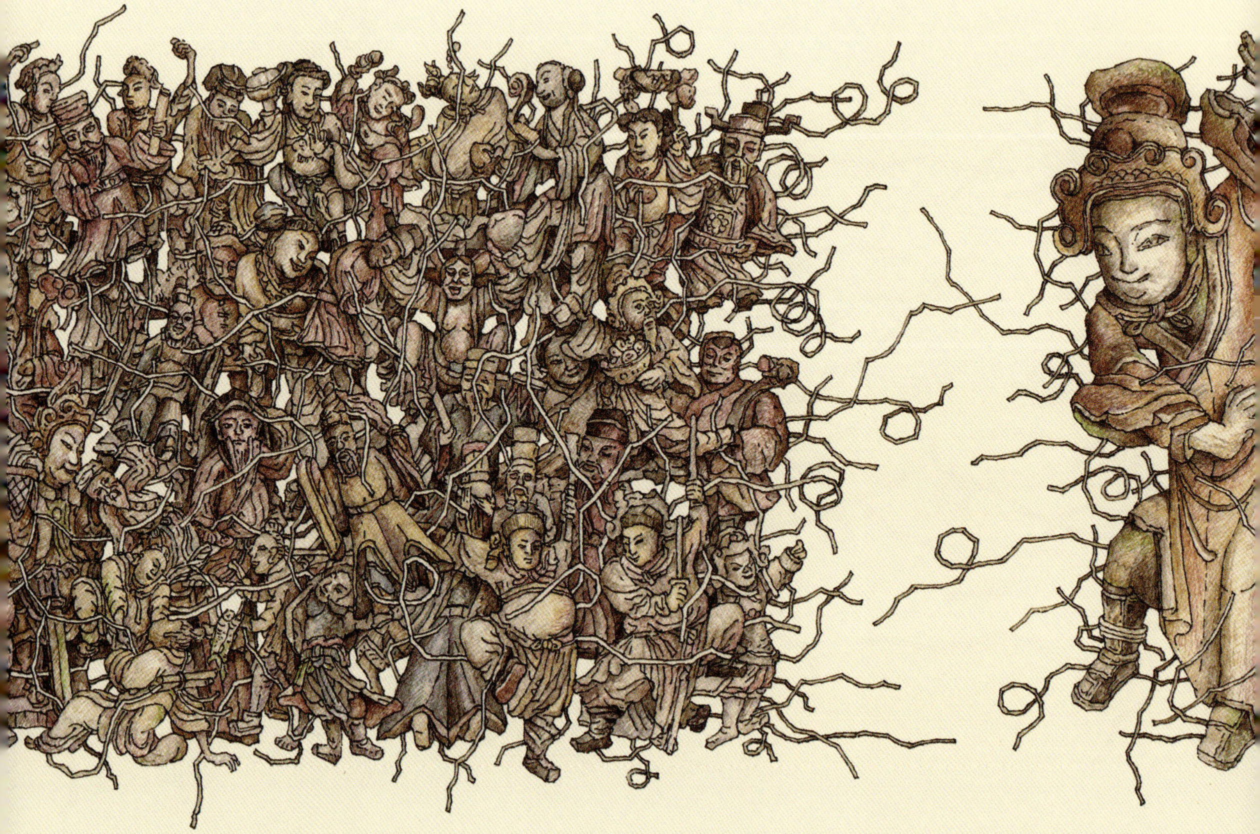

04.2.6

黄泽木雕

1	2

木雕中的人物 _1
夏克梁

床上的木雕装饰构件 _2
向俊

木雕，是嵊州古老的传统工艺之一。在嵊州留存下来的古建筑中，木雕占的比重很大。市区城隍庙殿堂、崇仁玉山公祠、长乐大新屋、华堂古村落、苍岩老台门……都留下了清代木雕艺人的作品。而木雕技艺最为精湛的当属黄泽镇的仿古木雕。镇内古建筑的木雕艺术具有鲜明的特色，木雕技艺可追溯到汉代。在20世纪80年代初，一批聪明能干的民间古旧家具收藏家，面对当时古旧家具日渐稀少的状况，开始转向一边继续收藏买卖，一边琢磨仿古制作。他们在收藏和制作中推陈出新，市场需求不断增大，雕琢技艺不断完善，仿古木雕产品逐渐增多，黄泽镇由此成为江浙仿古木雕业的创始地之一。梁架上的阴阳线刻、隔扇门窗上的深浅浮雕，彰显出传统民间工艺大师的精湛技艺，是一代又一代民间木雕艺术家的智慧和结晶。

黄泽木雕（局部）

04.2.7
黄泽竹刻雕

竹雕作为雕刻的一个艺术门类，起源甚早，明清两代为鼎盛时期。嵊州艺人在竹雕材料的处理上，保持竹材本真，不加任何添加剂以防蛀、防裂、防变形，在题材上不拘古法，推陈出新，打破传统竹根圆雕人物多以神仙、佛教类题材的束缚，涉及村夫野老、美妇顽童、市井人物等，在技艺上，突破了传统竹根圆雕写实具象风格，迹简意周，其雅入骨。竹（刻）雕为绍兴市级非遗项目。

1 3 4
2 5

嵊州竹刻雕（俞田作品）_1
向俊

狗眼看人低（俞田作品）_2
向俊

竹刻雕（作者不详）_3
向俊

笔筒（俞田作品）_4

纳凉（俞田作品）_5

04.2.8
嵊州石雕（甘霖镇）

嵊州民间工艺最古老的当数石雕。甘霖镇小黄山遗址中出土了距今九千年的石雕人首，是我国新石器时代遗址考古中发现年代最早的石雕人首。其石质系玄武岩砾石，创制者运用钻、刻、掏、挖等工艺雕刻成形，脸部颇为古拙传神。

明清两代，是嵊州石雕的繁荣期。目前留存在嵊州大地上的历代石雕作品还有不少，其中当数市区城隍庙溪山第一楼的『博古瑞兽图』、城隍庙大殿龙柱及三江街道花田水口庙、长乐镇太平村邢氏宗祠及石璜镇的石狮最有特色。在长期的艺术实践中，手工艺人们创造出昂首挺胸、卷发巨眼、头大有神、蹲坐威仪的石狮形象。

1 | 2 3 4

嵊州石雕（应汉军作品）_1
向俊

工作中的石雕艺人 _2

以花鸟草虫为题材的石雕（应汉军作品）_3

六角花盆上的雕刻（应汉军作品）_4

04.3 传统舞蹈

狮为『百兽之王』，人们习惯把它看作权力、威严和祥瑞的象征。民间利用新春舞狮，以示清灾除害，驱散镇妖，祈得风调雨顺。嵊州舞狮的传统可以追溯到明代中叶，舞狮者多为习武之人。舞狮，一般以绿毛狮子表演较多，注重于狮头的设计制作，狮子头既要威武又不能狰狞，十分考验制作手艺。嵊州最具名声的当数崇仁舞狮。从清咸丰年间成立第一班舞狮起，至今已十二代相传。狮舞表演均由高昂的鼓乐前奏，以引狮子上场，曰『出洞』，随后，在鼓乐的变化中表演『登高』『疾奔』『慢步』『喝水』『磋步』『望月』『揉身』等动作。鼓乐激昂，舞姿威武，千姿百态，扣人心弦。

04.3.1 狮舞（崇仁镇）

1	3
2	4

狮舞头套造型 _1
夏克梁

狮舞活动极受大众的欢迎 _2
张书山

不同色彩的狮舞头套 _3
王玮璐

狮舞表演中，狮子头起着决定性的作用，其制作工艺也非常考究 _4
张书山

04.3.2
龙舞（贵门乡、甘霖镇）

龙是古代汉民族信仰之图腾，在中华人民心中是祥瑞的象征。龙舞就是人们根据传说中的龙样子而演绎成的一种民间舞蹈。嵊州市贵门乡玠溪村人舞龙已有100多年历史。最盛时期，有黄、青、白、黑四条龙，直至今日，还完好地保存着青、黄两条布龙。凡举行庆典或节日活动，就有舞龙表演，以示丰年，寄寓吉祥平安。龙舞的技术要求很高，引领龙舞者、舞龙头者、舞龙尾者必须默契配合，紧密协作，步调一致。据传旧时技艺高超的舞龙人像表演杂技似的，可以让龙昂首升天，龙身随舞龙人相叠盘旋而上，酷似人们想象中的天空飞龙。

1 | 3
2 | 4

龙舞在嵊州已具有一百多年的历史 _1
张书山

龙头的造型很关键 _2
向俊

青龙与黄龙 _3
向俊

节日中的龙舞表演 _4
张书山

高跷在嵊州已有 1000 多年历史，北宋乾德年间（963—968），金庭镇灵鹅村举办石鼓庙会，有人踩高跷结队而行，穿行于人群之间。由于高跷制作简便，习练容易，又能锻炼身体，因此是各乡村庙会活动中常见的文艺表演样式。目前，金庭镇灵鹅村会踩高跷的有 500 多人，占全村总人数的近 30%。每逢节假日、农闲季节，表演者们身着鲜艳的戏剧服装，手拿各式各样的道具，踩着高跷参与演出，既丰富了村民们的文化生活，也有益于参与者的身心健康。高跷活动现已成为金庭镇的一张文化“金名片”。

04.3.3
金庭高跷（金庭镇）

1 | 3
2 | 4

金庭高跷 _1

高跷是乡村庙会活动中常见的文艺表演样式 _2
张书山

高跷人物形象之一 _3
向俊

高跷人物形象之二 _4
向俊

大头荷舞蹈在嵊州最早流传于崇仁镇赵马村一带。赵马村民间艺术底蕴深厚，早在清咸丰年间（1851—1861），当地艺人将原来迎庙会的彩头戏『掘藏』里的面具（俗称木脸）改制为头套，从而创造了民间大头荷舞蹈。演员套上大头荷头套，就不怕难为情，表演更自如、更洒脱。表演内容以自编自演为主，其中流传度最高的剧目是《八仙庆寿》。

04.3.4
赵马大头荷（崇仁镇）

| 1 | 3 |
| 2 | 4 5 |

极具喜庆的场面 _1

赵马大头荷 _2
张书山

戴上木脸，你便可以尽情表演 _3
张书山

赵马大头荷人物造型之一 _4
向俊

赵马大头荷人物造型之二 _5
向俊

打莲响作为一种特有的舞蹈形式诞生于嵊州，与越剧的前身——落地唱书一脉相承。打莲响最早出现在甘霖镇马塘村，后在各地传开。打莲响节奏明快、动作活泼，一般以群舞形式出现，以莲花调作为固定曲调重复演奏，曲调淳朴，节奏明快，可以根据需要任意填写唱词，无论老人小孩都可以表演。表演时演员身着色彩鲜艳的彩衣彩裤，手持绕着红黄白蓝绿等五色彩绸的竹棒，配合曲调用竹棒叩打肩膀、膝盖、脚踝或地面等，具有浓厚的乡土风味。

04.3.5

马塘打莲响（甘霖镇）

| 1 2 | 3 4 |

打莲响 _1

打莲响人物造型 _2
向俊

打莲响是具有浓厚乡土风味的地方舞蹈 _3
张书山

打莲响基本以群舞形式出现 _4
张书山

打莲响
書山

越剧的根脉是韵味醇厚的嵊州方言书面语和流传于剡溪两岸的山歌小调，从 19 世纪末起，经历落地唱书、小歌班、绍兴文戏、女子越剧等阶段，到新中国成立后逐渐繁荣，经过一代又一代越剧艺人的探索实践、艰辛耕耘，取京剧昆曲之长，学兄弟剧目之优，形成了写意与写实有机结合的独特的越剧艺术。20 世纪 30 年代，大批嵊州越剧艺人涌向上海，组建越剧名班，在上海站住了脚跟，赢得了赞誉。1942 年又进行了全面改革，树立了“新越剧”旗帜。1947 年，“越剧十姐妹”联合上演《山河恋》，震动沪城，在越剧史上留下了绚丽的一页。越剧经过大胆变革、广纳博取、不断创新，以其丰富多彩的剧目、真切细腻的表演、委婉动听的唱腔、柔美抒情的风格、争奇斗艳的流派、灿若群星的名角，赢得了广大观众的欢迎，促进了自身的繁荣，成为有全国影响的地方大剧种。

2006 年，被列入国家级非物质文化遗产名录。

04.4 传统戏剧

04.4.1 越剧

1	3	4
2		5

李秀英在《碧玉簪》中的剧照 _1

《大漠骊歌》剧照 _2

《汉文皇后》中的人物造型 _3
向俊

越剧戏台 _4
张书山

越剧是国内最主要的剧种之一，已走过百余年的历史 _5
张书山

戏台越剧
二〇二〇年·六月二十三日

绍兴目连戏，是指流传于绍兴市及周边区域的目连救母戏文，作为绍兴社戏乃至民间戏剧表演的主要剧目，传承久远，演出频繁，流布广泛。嵊州目连戏以前良村为代表，在现有保存的目连戏古手抄本中，以前良村清咸丰庚申年抄本《目连戏》，年代最早，内容完备，共计 164 出。其中，《男吊》《女吊》《无常》等出目，为绍兴所特有。另有“老本”从《放星宿》到《回府》22 出、“定本”结尾《黄巢》，郑之珍本等为外省各本所无。鲁迅先生高度评价那些撷取民间社会情态的枝节性穿插表演，说目连戏“是真的农民和手工业人的作品，由他们闲中扮演”。绍兴目连戏不断推陈出新，经过表演艺人的代代相传和长久的积淀与升华，凸显出浓郁的地域特色，成为“中国民俗宗教文化中的一个典型代表”，堪称绍兴民众民间信仰、宗教观念和戏曲的“活化石”。

2014 年 12 月，被列入国家级非物质文化遗产名录。

04.4.2
绍兴目连戏（黄泽镇）

1 3 / 2 | 4 / 5

前良目连戏《白神》剧照 _1

前良目连戏《出黄巢》剧照 _2

《白神》中的人物造型 _3
向俊

目连戏 _4
张书山

不同剧本的人物形象 _5
张书山

作为民族凝聚力和创造力的重要源泉，
文化，从来都深刻地体现着一个族群、
一方水土的品质。
在嵊州这方水土上，历经数千年所形成的剡中文化，
既得山水之幽，更涵人文之胜，
在中华文化宝库中，
始终闪耀着独特的光芒。

老屋与
名人故居

05

1 2

华堂的荷塘牌坊 _1

牛腿 _2
夏克梁

嵊州的文脉，最早可追溯到禹舜时期。传说舜到过嵊州，故有“舜皇山”“舜井”等地名；大禹治水，在嵊州竣工，史称“毕功于了溪”，“了溪”即今剡溪。这是迄今为止关于嵊地的最早文字记载。

大批文人雅士慕剡中山水之秀，纷纷南下入剡，遂使剡溪、剡县名闻天下。如艺术大师戴逵，在音乐、绘画、雕塑、文学诸方面卓有建树，史称『雕圣』。如今在逵溪村有『招隐』『洗屐』桥等遗址，金庭镇有戴公山。

除戴氏父子外，王羲之晚年隐居剡县金庭，也是嵊州历史上的重大事件。王定居金庭后，带动了当地的书法发展。其后裔多擅此道，作品挂满厅堂、书房，人称『华院画堂』。后人遂定村名为『华堂』，沿袭至今。

1 2 3

王氏宗祠主入口 _1
李国胜

东王村的越剧诞生地 _2
摄影 田甜

嵊州木雕具有悠久的历史，
雕工精细，影响深远 _3
向俊

嵊州还是中国文学史上著名的『山水诗派』的开山鼻祖谢灵运的故乡。魏晋南北朝时期王羲之、戴逵、谢灵运等名士在剡中的一系列活动，使最初的嵊州人文充满了光芒，嵊州也就成为历代文人雅士向往的神仙之地。至唐，诗人杜甫、李白、孟浩然、宋之问、韦应物、顾况、崔颢、罗隐、刘长卿、温庭筠、王维、孟郊、戴叔伦等，相继入剡。

宋代以来，嵊州的文运一直昌隆。到嵊并留下诗作的有王安石、欧阳修、陆游等；元代则有杨维桢、李孝光、康里巎巎；明代有宋谦、徐渭、王国桢、汤显祖、王思任、张岱；清代有王国蕃、王国维、康有为、袁枚等。至清末，更有嵊州人钱师廉的书法、商笙伯的国画花卉、郑午昌的国画山水名动江南书画界，成为嵊州的骄傲。

1 2 3

嵊州人才辈出，看似普通的巷道，有可能就曾走出过知名的人士 _1
鲁江

东王村的越剧诞生地 _2

普通民居入口 _3
段俊如

ZHANG SHUSHAN

1 3
2

在嵊州这片土地上，培养出了许多越剧表演艺术家及其他门类的名人名家 _1
李国胜

华堂王氏宗祠主入口 _2
张书山

嵊州自然风光及俞丹屏故居原址 _3
张书山

近代，嵊州文脉因越剧的横空出世而焕发出崭新的光彩，成为闻名海内外的越剧之乡。1900 年，蔡元培任剡山书院院长，提倡新学。此外，嵊州还是著名经济学家、教育家、人口理论家马寅初，革命音乐家任光，著名越剧表演艺术家袁雪芬，黄土画派创始人刘文西，围棋国手马晓春等名人名家的故乡。上述诸多历史事件、历史名人，或散见于官史野文，或寓寄于旧址残迹，更有许多是以生活习俗、风土人情等形式凝固下来的，储存和传递着丰富的文化信息，成为嵊州人断不可缺失的文化记忆。然而，它们又如一颗颗珍珠，散落在广袤的时空中，需要一根红线把它们串起来，缀成项链。

05.1 古代

05.1.1

王羲之故里

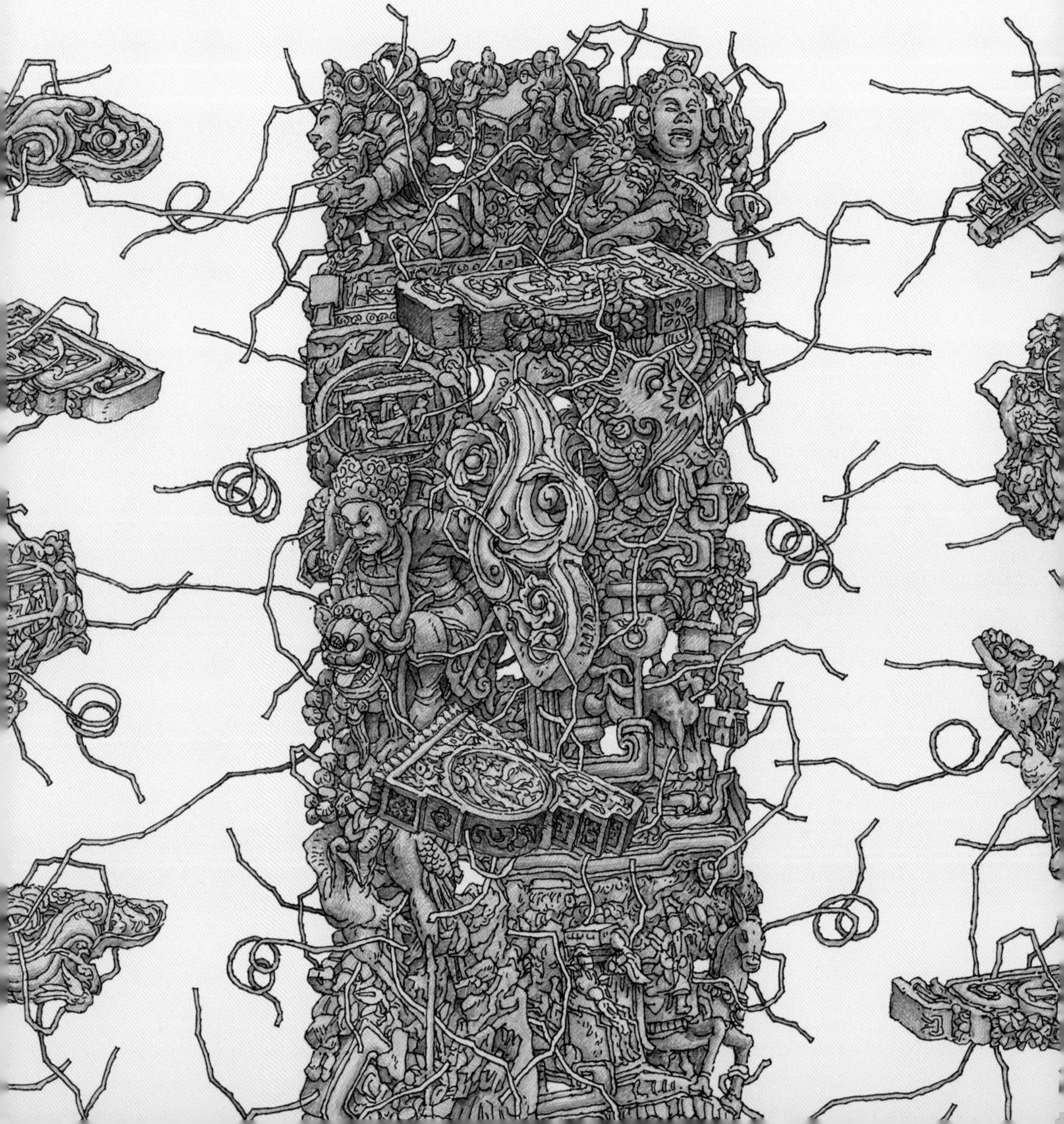

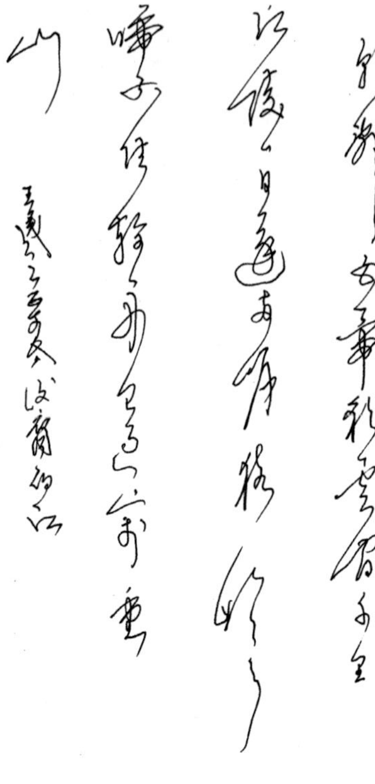

1 | 2 | 3

王羲之故里传统建筑中的木雕 _1
夏克梁

王羲之故里的传统合院建筑 _2
周锦绣

王羲之第 54 代后裔硬笔
书法作品 _3
王伯江

王羲之（303—361），字逸少，号澹斋，西晋太安二年（303）出生于山东琅琊。他书法艺术冠绝古今，世称“书圣”。

王羲之故里位于嵊州市金庭镇，距宁波75公里，距奉化溪口、新昌大佛寺、嵊州市区各25公里，这里交通便捷，甬金高速掠景区而过。

永和十一年（355），王羲之抛弃官宦仕途，带妻携子，遍游东南山水，到剡县金庭，为丽山秀水所动，乐而筑室，安居于此，开始了他清静淡泊的晚年隐居生活，死后归葬于瀑布山麓。定居金庭后，王羲之书法兴起，其后裔多擅书画，作品挂满厅堂、书房，人称『华院画堂』，后人因此定村名为『华堂』，沿袭至今。王羲之经常与谢安、孙绰、许询、支适、许迈等名流交往，谈道说玄，名传朝野。永和九年（353）三月上巳日，他在绍兴邀约谢安等名士在兰亭修禊聚会，曲水流觞，写下了千古流芳的《兰亭集序》。

后来，芒三世孙王衡于王羲之故宅为观修炼，称名『金真馆』，后改称『金真宫』；宋永初十七年（440），褚伯玉奏改为『金庭观』。金庭观共分山门、天王殿、大殿、后殿四进，整组建筑占地约20亩。现仅存山门，余在『文化大革命』中被毁。城隍庙在市区鹿胎山麓，始建无考，自元至正六年（1346）至晚清，修葺11次，原有溪山第一楼、仪门、大殿、后殿四进。大殿东西两侧为乡主庙，大殿前面为戏台，两边为厢房。庙内砖雕、石雕、木雕极为精美。现存戏台，仪门和溪山第一楼，楼为嘉庆九年增建，借宋朱熹游嵊登鹿胎山赏景时赞语『溪山第一』为楼名。

今日的华堂古民居 _1
褚定华

华堂如今还保留着很多完整的古民居 _2
周锦绣

金庭观的书圣殿 _3

金庭观入口 _4

古朴的民居口 _5
褚定华

金庭镇华堂古村的更楼

近年来，在王羲之墓道左侧那荡然无存的原地，嵊州市政府斥 3000 万元巨资，重建了金庭观、书圣殿、右军祠、雪溪书院、书画长廊、书法园林等。

金庭华堂古民居
周锦绣

谢灵运（385—433），东晋太元十年（385）出生于会稽始宁（今嵊州市三界镇），父谢瑍早年亡故。为避祸致福，祖父谢玄送他到钱塘『五斗米道』杜明师馆寄养，故名客儿。母刘氏，是王羲之的外孙女。

入剡必先经三界，人们称三界是唐诗之路的起点，嵊州悠悠文脉的源头。

05.1.2
谢灵运故里

三界在秦汉之际属剡县，129 年，合并剡县北乡及上虞南乡置始宁县。三界有一条东临剡溪，南北贯通，街长 930 米的始宁古街。谢灵运的远祖是陈郡阳夏（今河南太康县）人，东晋渡江后，居京都建康（今南京市）乌衣巷。曾祖谢奕，初为剡令，祖谢玄为淝水之战前锋，因功封康乐公。太元十年（385）任会稽内史，开始在始宁县剡溪口经营始宁墅。1926 年镇上发生了火灾，始宁街数百家店铺焚毁殆尽。火灾后崇仁巨商金禄甫出资重建始宁街，重建的始宁街，房屋均系砖木结构楼房，高低一致，格式统一，南北贯通，街北连接始宁城隍庙。城隍庙建于东汉顺帝四年，共有三进，旁建一座飞檐翘角式的钟鼓楼，楼顶有龙吻，楼内悬挂一口重达千余斤的大铜钟。1942 年，日寇扫荡三界，一把大火烧毁了城隍庙与钟鼓楼，大铜钟亦被抢走。1946 年，当地士绅向旅沪同乡及本镇富户募资重修，施钰兴负责施工，修缮一新的始宁城隍庙给始宁古街平添了文化氛围。悠悠的古始宁街，从清晨开始，上街到下街全是挤来挤去的人群，上街以卖豆制品、小猪、南货、肉类、水产、水果及蔬菜为主，下街则以琳琅满目的小百货和杂货吸引着顾客。当年郑午昌写下《望三界》一诗，赞叹三界集市，诗曰：“莼鲈何日此重过，风物江乡念钓蓑。两岸人家黄叶市，卖鱼声里夕阳多。”

| 1 | 3 |
| 2 | |

三界境内的钟鼓楼 _1

世外桃源 _2
李国胜

谢灵运故里的传统民居 _3
周锦绣

始宁墅本属始宁县，隋开皇九年（589）撤县后，划归剡县。谢灵运生于斯，长于斯。谢玄去世后，谢灵运袭封康乐公，世称谢康乐，食邑二千户。

1 3
2

传统建筑上的牛腿 _1
王玮璐

三界民居 _2
李国胜

庭院中的篱笆墙 _3
夏克梁

在始宁期间，谢灵运大兴土木，凿山浚湖，筑临江楼，建二园三苑，植桃、梅、杏、李、梨、枣、栗、柿、枇杷、樱桃等，百果具备；酿酒、酿蜜、造纸、制陶等，作坊兴旺；又在今谢岩村建石壁精舍，为事佛避暑之居。始宁墅辄为经济繁荣远近闻名的大庄园。

惠風和暢
和

元嘉三年（426），文帝诏谢灵运为秘书监、侍中，其职不参要政。元嘉五年（428），谢灵运称疾去职，又归始宁。谢灵运居始宁期间，偕友泛剡溪，游石门，登天姥，歌诗酬唱。

在中国诗史上，晋宋之交，陶渊明开创『田园诗派』，谢灵运开创『山水诗派』，合称『陶谢』，是文学史上的一块里程碑。他还修筑了从强口通临海的剡中旅游道，被称为我国『第一位旅游家』。他为游山特制的谢公履和曲柄伞，一直被世人传为佳话。

据史料记载，三界镇在明万历年间设市，始宁街是建始宁县治时的旧名。岸边设有大埠头渡口。近百年以来，隔江而居的数千户人家渡江前来始宁老街赶市，于是，街巷移建至高坡上的始宁城隍庙前。

1　2　3

拱门建造考究，嵌有石雕和绘制图案等内容 _1

始宁老街 _2

始宁老街与嵊州境内的很多老街相同，在街道中设有防火的拱门 _3
邓攀

05.1.3
戴逵故里

戴逵（326—396），字安道，原籍谯都铚县（今安徽宿县、濉溪一带），出身名门世族，兄长戴官至大司农，受封广陵侯。戴逵蔑视权贵，自甘淡泊，移情于青山绿水之中。中年，携长子戴勃，次子戴颙从安徽徙居浙江，爱慕剡县山水，即定居并终老于斯。

戴逵精于雕塑技艺，尤善于佛像的塑造及浇铸。他在建康（今南京）瓦棺寺作的『五世佛像』，被世人誉为瓦棺寺的『绝品』，与大画家顾恺之的壁画『维摩诘像』、狮子国（今斯里兰卡）送来的玉佛，并称『三绝』。史书记述他的雕塑技艺已摆脱汉代以来那种『依经熔铸』『各务仿佛』的俗套，开创了一代新风。

1 2 3

招隐桥 _1
吴冬

戴逵隐居处 _2

戴逵故里，自然少不了
雕刻精美的牛腿 _3
王玮璐

戴逵的绘画也名重一世，他不仅工于人物，也精于山水、花卉、禽鸟。十余岁时，他在建康瓦棺寺作画，初露锋芒，后成为与卫协、顾恺之、陆探徽等同级的大画家。

今嵊州广利乡有逵溪村、洗履桥和招隐桥，均为纪念戴逵之地。逵溪村是东晋名士戴逵的故里。逵溪位于崇仁古镇东北丘陵地带，逵溪村落形成于宋末，旧时村有古道经石木湾、大洋、钳口岭通城关，今嵊州至崇仁的 805 县道穿村而过，交通十分便捷。

1 2

戴逵被誉为雕圣，嵊州如今精美的雕刻与戴逵有着直接的渊源关系 _1
夏克梁

老街 _2
褚定华

逵溪村不大，静悄悄的，村后片云岩有瀑布，俗称滴水岩，清诗僧宁远有《片云岩》诗：“扶云独上雨花山，几度回眸怯步艰。竹隐鸣禽声细细，岩悬瀑布响潺潺。天花夜落千株静，蝶梦春回一榻闲。他日卜邻容我否？傍崖缚屋两三间。”

1 2

逵溪村的农家小院 _1
周锦绣

戴逵故里的洗履桥 _2

村内旧屋所剩无几，村前有溪即逵溪，由东而西流淌，溪流波光粼粼，想象中仍可遥见晋时这条山溪的无限魅力，溪上有洗履、砥流、招隐三桥横卧，桥壁缝隙长出蔓草闲枝，隐约可见石阶护栏，这大概是传说与戴逵有关的唯一可以登临触摸的胜迹。村口大樟树下为村委会，旁有报德祠，祀宋代范侍郎，内存清道光九年（1829）《报德祠碑》中，碑云：『嵊为山邑，逵溪一带地高流驶，尤苦旱涸而至于今。历数百千年，亘数十百里无水旱忧者，则是湖之为利广也。』

05.2 近代

05.2.1 马寅初故居

马寅初（1882—1982），名元善，字寅初，浦口镇人。我国著名的经济学家、教育家、人口理论家。马寅初从事教育事业和经济学研究 60 余年，著述宏富，有《通货新论》《新人口论》《中国财政学》《中国关税问题》《马寅初演讲集》《中国经济改造》《马寅初经济论文选集》等著作，发表论文近 400 篇。

1 | 2 | 3

马寅初雕像 _1
向俊

马寅初故居完整的四合院 _2

鸟瞰马寅初故居 _3
邓攀

马寅初深切关注家乡，新中国成立后曾以全国人大代表身份先后两次回嵊州视察，多次返乡探亲。晚年常向家人表示要回嵊州，终因疾病缠身未能如愿。

马寅初故居坐落在浙江省嵊州市浦口街道名人街74号，始建于清光绪年间，是马寅初父亲马棣生建造具有传统特色的江南民居，供马氏家人及『马树记』酒坊师徒们居住和使用。马寅初降生在这里，并度过了童年、少年时期。

2000年下半年，嵊州市委、市政府投入大量资金对故居进行修复，整修第一、二进，落架大修第三进，使马寅初故居成为广大干部群众和青少年学生学习弘扬马寅初精神风范的一个重要基地，也是开展爱国主义教育和廉政教育的重要基地。

马寅初故居占地 628 平方米，建筑面积 1228 平方米，坐南朝北，共三进，四周外墙砖砌、内墙版筑。门厅三开间，临街建筑，条石门框，实榀门。第二、三进五开间，均为五柱七桁的梁式架头结构，硬山顶，南单檐、北重檐。三进之间各有厢房连通，中有两个天井，前小后大，空气流通，光照充沛。第二进底层中间是厅堂兼作通道，东两间为小客厅与账房间（会计室），西次间是马寅初父母卧室，也是马寅初出生处。西尽间为马家厨房。第三进五间，东西两间打通，是“马树记”酒坊的酿酒场地。中间厅堂，是连接东西的过道，是组合酿酒的枢纽，向北设门可通户外，便于对外传递货物；西厢北间为马寅初卧室和上楼通道，东厢分别为酒坊师徒厨房和餐室。第二、三进楼上有回廊相互联通，俗称“走马楼”，原为马氏兄弟居住。

马寅初故居底层恢复原貌，摆设依旧，厅堂与客厅中间陈列雕花镂空老式桌椅，配有古钟、帽筒；卧室布置了轿式眠床、箱柜等。账房陈列账柜、文房四宝，厨房是老式灶台。

1 | 2 3

名人街传统民居院落 _1
吴冬

马寅初的书房 _2

马寅初故居如今已成为爱国主义基地 _3

二楼称『风节园』，陈列马寅初生平事迹，以勤廉为民、刚正不阿、高风亮节为主线，以溪边竹、池中莲、咏莲诗等为借喻，分『马寅初大事记』『嵊州哺育了马寅初』『学界泰斗马首是瞻』『爱国爱民敢怒敢言』『与时俱进求实创新』『坚持真理舍生取义』『生命不止自强不息』『戒奢尚俭清廉淡泊』『乡情绵绵叶落归根』『后世楷模光耀人间』等十几个部分，实物、照片、雕塑、创作画与多媒体等现代技术融为一体。整个故居陈列历史照片、图表 180 余幅（张），实物 230 余件，内容丰富，资料翔实，充分展现马寅初爱国为民、清廉淡泊、刚正不阿的高风亮节。

05.2.2
张伯岐故居

张伯岐（1881—1937），字南月，号颂南，清光绪七年（1881）出生于崇仁镇廿八都村，家境贫寒。17岁时因仗义误伤人命，被逼为『盗』，劫富济贫，人称『梁山好汉』。后为镇海炮台司令，授中将衔。

张伯岐故居内庭院
吴冬

张伯岐故居的室外通道

张伯岐生前对社会公益事业如办校、建桥、筑水、修祠庙等颇多赞助，尤致力于公路建设，曾兼任绍嵊、嘉湖、杭徽等公路董事。

张伯岐故居位于崇仁镇廿八都一条明清古街上，是一幢中西合璧的两层木结构庭院，西式建筑风格的外墙，厚重森严的大门，三雕组合的装饰，东西两侧宽阔的木扶梯，四周迂回的楼台，中间有宽阔的天井，正屋两侧还设有两个小天井，在崇仁民间的庭院中绝无仅有。庭院中除木雕花门窗在“文革”中遭到破坏外，故居整体依然保存完好。进入东首的大门就能见到一块县级文物保护点的青石碑。

1 2 | 3 4

张伯岐故居内庭院一角 _1

张伯岐故居正门 _2

院中的植物 _3
夏克梁

张伯岐故居外观 _4
张书山

故居是一幢坐北朝南的走马楼，扶梯底下及天井中各有一口结满青苔的方井，附近的村民依然用此井水以洗涤饮用等。正屋东侧有一排二层楼木结构厨房，客厅与厢房的门窗雕刻细腻传人，正门两侧廊柱的牛腿雕刻着金鸡配凤凰，两边厢房廊柱上的牛腿上雕刻着宝瓶插花等，实乃精致的工艺品。庭院四周的 56 扇门窗上雕刻着工艺十分精湛的飞禽走兽与戏曲人物，这些精湛细腻的雕刻工艺在民间庭院中屈指可数。张伯岐故居虽然被列为瞻山风景管理处管理范围，除底层一个房间内陈列着张伯岐事迹简介外，大多数房间空着或已成为崇仁镇升高片老年体办、离退休干部的活动室及升高工作点的办公室。

商笙伯（1869—1962），名言志，字笙伯，以字行，号安庐，晚年又号安晚庐。浙江嵊县（今嵊州）长乐镇人。

商笙伯是一位自学成才的画家。他从小爱好绘画，幼年时期常去祠堂庙宇里揣摩壁画，然后回家背临。成人后，他出外从政数十年，仍学画不辍。商笙伯擅长花卉，亦擅长羽毛草虫，偶作走兽人物。

05.2.3
商笙伯故居

2 3
1 4

商笙伯故居的大环境 _1
周锦绣

商笙伯故居 _2

石砌的门楣上刻有“安庐”两字 _3

画笔下的商笙伯故居 _4
邵卫 张书山

商笙伯旧居坐落在嵊州市长乐镇上市头荷花塘畔一处幽静的巷弄，建于民国丙辰年（1916）。入口处石砌门楣镌刻篆书『安庐』两字，系著名画家、篆刻家吴昌硕题写。入门右侧建有高二层的砖木结构侧屋一幢，左侧穿过一片空地，可见一堵欧式风格的红砖门墙，花叶纹灰塑承接半圆形拱洞门，大门两侧砌薄壁砖柱，门墙的设计建造考究而有气派。门墙内为四合院式居宅，坐北朝南，前后两进，高二层，中为宽敞的天井，东西两侧为单披屋顶的围廊。『安庐』既具传统民居的古朴端庄，又因装饰上吸收了外来文化给人一种清新气息。

王金发故居，位于浙江省嵊州市崇仁镇（原广利乡）董龙岗村。王氏祖上原居嵊州城关，清初，因恶清而避居于此。王金发为辛亥革命志士，18 岁前居于此，前厅外墙仍留有王金发当时练枪法的弹洞。故居于 1988 年 6 月被公布为嵊州市级文物保护单位，对于研究辛亥革命史具有重要意义。

05.2.4
王金发故居

王金发故居系清晚期建筑，位于广利乡董郎岗村西侧的山坡上，屋后树林茂密，绿荫环护着这座封闭式的农家四合院，正屋面宽 5 间，两侧有厢房相连，中间有鹅卵石铺就的天井，为砖木结构两层楼房。占地 400 平方米。主体建筑坐西北朝东南，面宽 20.50 米、进深 7.90 米。山墙上筑有避火墙，墙上留有王金发习武时的弹痕。大门在第一进北端，门额上有『居之安』三字，王金发生前曾住在第二进南侧一楼。

1 | 3 4
2 | 5

院中的植物 _1
陈丽娇

俯瞰王金发故居 _2

王金发雕像 _3

修缮完整的内庭院 _4

典型的江南四合院 _5
李国胜

郑午昌（1894—1952）名昶，号弱龛、丝鬓散人，斋名鹿胎仙馆。浙江嵊县人，曾任中华书局美术部主任，杭州艺术专科学校、上海美术专科学校及新华艺术专科学校教授。1929 年与谢公展、王伟等组织蜜蜂书社，出版《蜜蜂画报》；1932 年与同仁创立中国画会。擅山水、花卉，尤长画柳树、白菜；亦善诗词、书法；精于画学理论。

05.2.5
郑午昌故居

郑午昌出生在这个依青山傍秀水的剡溪三界长桥村，老宅依山傍水，灵气逼人。他自小犹如生活在风光旖旎的山水画里，出门便见青山绿水，他与山大声对话，与水尽情嬉耍，与放牛娃一起骑在牛背上看书、奔跑……自小在他心中就系着浓浓的山水情结。他自撰一联『竹径旁通沽酒店，桃花乱点钓鱼船』，称自己的居室为『爱山楼』，他在跋语中写道：『吾家滨剡溪，筑室曰爱山楼，用太白为爱名山入剡中诗意也，门外绿柳笼堤，红桃压岸，暮春居此，或买醉野店，或垂钓画船，其乐何减武陵源中人……』可见其对剡中山水之情感。

1 2 | 3 4 5

郑午昌故居 _1

郑午昌故居及周边环境原貌 _2
邵卫 张书山

郑午昌从小生活的环境 _3

长桥村的老街 _4

郑午昌故居角落叠放的杂物 _5
朱秀艳

05.3 现代

袁雪芬 1922 年生于嵊州市甘霖镇，中国越剧泰斗，越剧袁派创始人，工正旦，曾任上海越剧院院长、全国政协常委等。袁雪芬 11 岁入四季春越剧科班，14 岁开始在杭州演出。1938 年到上海，1942 年起致力于女子越剧改革。她的表演和唱腔柔婉细腻、朴实深沉、韵味醇厚、节奏明快，重视人物性格的刻画，被称为『袁派』。2011 年 2 月 19 日，袁雪芬辞世，享年 89 岁。

『认认真真演戏，清清白白做人』是袁雪芬一生的座右铭，她以自己的精湛技艺和高洁操守，构成百年越剧的动人华彩。

袁雪芬故居位于甘霖镇桂山村，由三间黛黑色的老屋组成。这是袁雪芬去上海演出后，用自己所赚的包银为父母买下来的房子。现在，这里住着袁雪芬的堂兄弟、67 岁的袁剑维老人。

05.3.1
袁雪芬故居

1 | 2 | 3

故居外观极其简洁、朴实大方 _1
吴冬 张书山

袁雪芬故居外观 _2

院中的植物 _3
吴冬

05.3.2
刘文西故居

刘文西（1933—2019），生于长乐镇水竹村。当代画家，“黄土画派”创始人，曾任中国美术家协会副主席、中国美术家协会顾问，西安美术学院名誉院长，西安美院研究院院长，全国突出贡献专家。重要作品有《毛主席和牧羊人》《东方》《解放区的天》和巨幅系列长卷《黄土人》等近百幅。第五套人民币上的毛泽东画像即为刘文西所作。

刘文西故居位于长乐镇水竹村。水竹村坐落在嵊义现西边，离嵊州 35 公里。地处东白山南麓，中间有绿溪江相隔，四周皆是上坡，山上是绿油油的茶树和茂密的竹林。群山环抱，古木参天，流水潺潺，鸟语花香，如花园一般。

刘文西故居 _1

刘文西老家水竹村的民居 _2
吴冬

刘文西故居厅堂 _3
吴冬 张书山

而这样一个不起眼的小山村，却出了一位文人、名人，他就是刘文西。刘文西是国黄土画派创始人，是第五套人民币毛泽东画像的创作者。村里为了更好地展览刘老的作品，专门建造刘文西旧居，还原他儿时的生活，让人们可以更好地、近距离地熟悉刘老。在刘老的故居里陈列了许多他的作品，一幅《家乡最美》道出了刘文西对家乡最深的情怀。

1 | 2 | 3

长乐镇 _1

雕刻精美的牛腿 _2
吴冬

长乐镇的民居建筑 _3
周锦绣 张书山

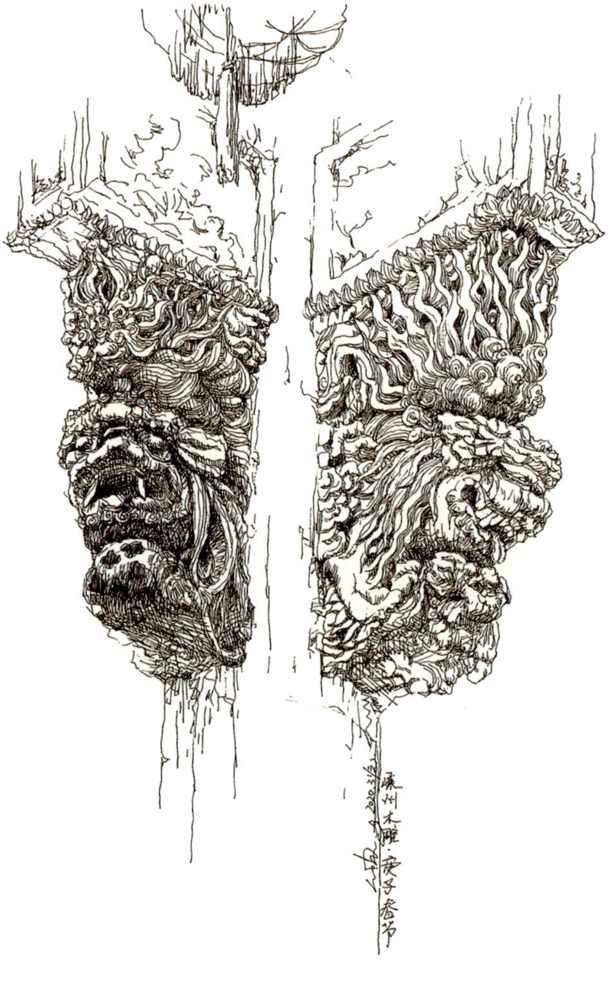

虽然离开家乡几十载，但刘老无时无刻不在挂念着家乡，关心家乡建设。2015 年 11 月，刘老回到老家水竹村，看到家乡在新农村建设中的巨变激动不已。在与村干部座谈中，刘老获悉村里建造文化礼堂等还有资金缺口，他诚恳地说“家乡建设一定要支持，资金难题我会想办法解决一些。”他当即承诺，过些日子会再回一趟老家，将黄土画派的几位名家请来，举办一个名家笔会，公开拍卖所作的画，所得款项用于村文化礼堂建设。果然，2016 年 4 月，刘文西率一批黄土派画家再次回到家乡。一到嵊州，画家们便不顾旅途疲劳到各地写生作画，还去江山市江郎山景区举办国画创作活动，其中 9 位画家创作了多幅人物、山水、花鸟画。他们将这些画委托拍卖后，把 40 万元捐助给了水竹村文化礼堂建设。

故人虽去，但他的事迹却永远跟我们在一起。
刘文西的『爱乡之情』，也在不断地传递下去。

院中的植物
吴冬

感谢中共嵊州市委宣传部、嵊州市文学艺术界联合会、浙江共产党员杂志社、
温莎 · 牛顿国际品牌、“边走边画”团队、桑甜文化、杭州中书文化
对第五季“边走边画”活动的大力支持。

本书参与作者

文字作者:

钱宁儿、安佳璐、夏克梁、朱丽娜、施安南、杨博、丁赛贝尔、朱姣芳等

绘画作者:

夏克梁、张书山、王玮璐、吴冬、向俊、周锦绣、鲁江、

褚定华、郭焱、杨博、王端、王嘉玲、张宝妹、朱秀艳、郭杨、

叶骏飞、马乐、刘小川、段俊如、倪伊甸、邢红岩、田甜、曹红斐、

唐靖、林婕妤、邓攀、邵卫、鲍尧君、陈丽娇等

摄影作者:

夏克梁、沈祖飞、裘高太、陆伟、

杨博、马乐、田甜、王智炜等

其他未标明作者的照片均由中共嵊州市委宣传部、嵊州市文学艺术界联合会提供